HEYNE
BÜCHER

Von Osho sind im Wilhelm Heyne Verlag erschienen:

Das Buch der Frauen (Band-Nr. 13/9711)
Das Buch der Kinder (Band-Nr. 13/9732)
Das Buch der Männer (Band-Nr. 13/9780)
Das Buch vom Ego (Band-Nr. 13/9820)
Kreativität (Band-Nr. 13/9857)

OSHO

Mut

Lebe wild und gefährlich

Aus dem Englischen übertragen von
PRATITO INGE KIEFFER

WILHELM HEYNE VERLAG
MÜNCHEN

HEYNE ESOTERISCHES WISSEN
Herausgegeben von Michael Görden
13/9865

Die Originalausgabe erschien unter dem Titel
COURAGE: THE JOY OF
LIVING DANGEROUSLY
im Verlag St. Martin's Griffin, New York

Sämtliche ausgewählten Texte von Osho stammen aus spontan gehaltenen Vorträgen, die überwiegend in Englisch, aber auch in Hindi gehalten, auf Tonband aufgezeichnet und in Schriftform übertragen wurden.

Umwelthinweis:
Dieses Buch wurde auf
chlor- und säurefreiem Papier gedruckt.

Deutsche Erstausgabe 6/2001

http://www.heyne.de
Printed in Germany 2001
Lektorat: Renate Schilling
Umschlaggestaltung: FranklDesign, München
Umschlagillustration: Art by Osho
Herstellung: Helga Schörnig
Satz: Schaber Satz- und Datentechnik, Wels
Druck und Bindung: Ebner Ulm

ISBN 3-453-18923-X

Inhalt

Vorwort

Sprich nicht von Ungewissheit –
nenne es Staunen
Sprich nicht von Unsicherheit –
nenne es Freiheit

Ich habe nicht die Absicht, euch ein Dogma zu geben – denn ein Dogma gibt Gewissheit. Ich habe nicht die Absicht, euch irgendetwas zu versprechen, was die Zukunft betrifft – denn mit einem Versprechen für die Zukunft fühlt man sich sicher. Ich will euch lediglich wach und aufmerksam machen, denn damit seid ihr im Hier und Jetzt, mit all der Unsicherheit, die das Leben bedeutet, mit all der Ungewissheit und Gefahr, die das Leben mit sich bringt.

Ich weiß, ihr sucht nach einer Sicherheit, einem Glauben, einem ›Ismus‹, irgendetwas, wo ihr dazugehören könnt, jemand, auf den ihr euch verlassen könnt. Euch hat die Angst hierher geführt. Ihr sucht nach einer Art schönem Gefängnis, damit ihr ohne jede Bewusstheit leben könnt.

Doch ich möchte euch noch tiefer verunsichern, euch noch mehr Ungewissheit geben, denn so ist nun mal das Leben, so ist Gott. Wenn Unsicherheit und Gefahr größer werden, dann ist Bewusstheit die einzig richtige Art, dem zu begegnen.

Es gibt zwei Möglichkeiten: Entweder du verschließt deine Augen und wirst dogmatisch, wirst ein Christ, ein

Hindu oder ein Mohammedaner ... dann spielst du Vogel Strauß. Dadurch ändert sich nichts am Leben, du schaust nur nicht mehr hin. Du wirst einfach nur dumm, wirst einfach nur unintelligent. Und in deiner Unintelligenz fühlst du dich sicher – alle Dummköpfe fühlen sich sicher. Tatsächlich fühlen sich nur Dummköpfe sicher. Ein wirklich lebendiger Mensch fühlt sich immer unsicher. Was für eine Sicherheit kann es schon geben?

Das Leben ist kein mechanischer Vorgang, deshalb kann es nicht sicher sein. Das Leben ist ein unvorhersehbares Geheimnis. Niemand weiß, was im nächsten Augenblick geschehen wird, nicht einmal Gott, von dem ihr glaubt, dass er irgendwo im siebten Himmel residiert, nicht einmal er – vorausgesetzt, es gibt ihn überhaupt – weiß, was geschehen wird! Wenn er es wüsste, wäre das Leben ein Schwindel, alles wäre schon im Voraus festgelegt, alles wäre vorherbestimmt. Doch wenn die Zukunft offen ist, wie kann Gott wissen, was als Nächstes geschieht? Wüsste er es, dann wäre das Leben nur ein toter, mechanischer Vorgang. Es gäbe keine Freiheit. Und wie kann es ein Leben ohne Freiheit geben? Ihr hättet keine Gelegenheit zu wachsen oder nicht zu wachsen. Wenn alles vorherbestimmt ist, dann gibt es keine Herrlichkeit, keine Würde. Dann seid ihr reine Roboter.

Nein, nichts ist sicher. Das ist meine Botschaft. Nichts kann je sicher sein, ein sicheres Leben wäre schlimmer als der Tod. Nichts ist gewiss. Das Leben ist voller Ungewissheiten, voller Überraschungen – und gerade darin besteht seine Schönheit! Du wirst nie an den Punkt kommen, an dem du sagen kannst: »Jetzt bin ich sicher.« Wenn du sagst, du bist sicher, hast du dich schon für tot erklärt; damit hast du Selbstmord begangen.

Das Leben ist ständig in Bewegung, es birgt tausendundeine Ungewissheit. Das ist die Freiheit des Lebens. Nenne es nicht Unsicherheit.

Ich verstehe sehr gut, warum der Verstand Freiheit als Unsicherheit bezeichnet. Hast du jemals einige Monate oder Jahre im Gefängnis gesessen? Ein Gefangener, der längere Zeit im Gefängnis war und entlassen wird, fühlt sich beim Gedanken an die Zukunft sehr unsicher. Im Gefängnis war alles sicher, alles war tote Routine. Sein Essen wurde gebracht, er hatte Schutz, er brauchte nicht zu fürchten, dass er am nächsten Tag hungern musste – nichts dergleichen. Alles war sicher. Dann kommt nach vielen Jahren plötzlich der Aufseher und sagt: »Sie werden jetzt entlassen.« Auf einmal zittert er. Außerhalb der Mauern wartet wieder die Unsicherheit. Er muss wieder alles neu herausfinden, er muss wieder in Freiheit leben.

Freiheit macht Angst. Die Menschen reden zwar von Freiheit, aber sie haben Angst davor. Doch man ist nicht wirklich Mensch, solange man Angst vor der Freiheit hat. Ich gebe euch Freiheit statt Sicherheit. Ich gebe euch Verständnis statt Wissen. Wissen verschafft euch ein Gefühl der Sicherheit.

Wenn ich euch ein Schema gäbe, ein festgelegtes Schema – dass es einen Gott gibt, einen Heiligen Geist und Jesus, den eingeborenen Sohn; dass es Himmel und Hölle gibt und dies die guten Taten sind und jenes die bösen Taten; wenn ihr sündigt, dann kommt ihr in die Hölle, und wenn ihr das tut, was ich die guten Taten nenne, kommt ihr in den Himmel, und damit fertig! – dann wärt ihr sicher. Deshalb sind so viele Menschen Christen, Hindus, Mohammedaner oder Jaina geworden – weil sie keine Freiheit wollen. Sie wollen ein festes Schema.

Ein Mann hatte einen Verkehrsunfall und lag im Sterben. Weil niemand wusste, dass er Jude war, rief man einen katholischen Priester. Er neigte sich zu dem Mann hinunter, der in den letzten Zügen lag, und fragte: »Glaubst du an die heilige Dreifaltigkeit, an Gott Vater, den Heiligen Geist und Jesus Christus, den Sohn?«

Der Sterbende öffnete die Augen und stöhnte: »Mann, ich liege hier und sterbe und du sprichst in Rätseln!«

Wenn der Tod an deine Tür klopft, sind alle deine Gewissheiten nur noch Rätsel und dummes Zeug. Klammere dich nicht an irgendeine Gewissheit. Das Leben ist unsicher, es ist von Natur aus unsicher. Und ein intelligenter Mensch bleibt immer unsicher.

Genau diese Bereitschaft, in Ungewissheit zu leben, ist Mut. Diese Bereitschaft, ungesichert zu sein, ist Vertrauen. Ein intelligenter Mensch bleibt in jeder Situation wachsam und beantwortet sie aus seinem Herzen heraus. Nicht dass er wüsste, was geschehen wird; nicht dass er wüsste: Wenn du dieses tust, wird jenes folgen. Das Leben ist keine Wissenschaft, es ist keine Kette von Ursache und Wirkung. Wasser kannst du auf hundert Grad erhitzen und es verdunstet – so etwas ist sicher. Aber im wirklichen Leben gibt es diese Sicherheit nicht.

Jedes Individuum ist Freiheit, eine unbekannte Freiheit. Man kann unmöglich etwas voraussagen oder etwas erwarten; man kann nur sehr bewusst und voller Verstehen leben.

Ihr kommt zu mir auf der Suche nach Wissen. Ihr wollt feste Formeln von mir, an denen ihr euch festhalten könnt. Aber die gebe ich euch nicht. Im Gegenteil: Falls ihr schon welche habt, nehme ich sie euch wieder weg! Stück für

Stück zerstöre ich eure Sicherheit; ich lasse euch zögern und verunsichere euch immer mehr. Mehr ist nicht nötig. Das ist das Einzige, was ein Meister zu tun hat! Er muss dich vollkommen frei machen, so frei, dass dir alle Möglichkeiten offen stehen und nichts festgelegt ist. Dann musst du bewusst sein – eine andere Möglichkeit gibt es nicht.

Das nenne ich Verstehen. Wenn du verstehst, dann ist Unsicherheit ein wesentlicher Bestandteil deines Lebens. Und das ist gut, denn so ist das Leben Freiheit, so ist das Leben eine nicht enden wollende Überraschung. Du weißt nie, was als Nächstes geschehen wird. Dein Staunen nimmt kein Ende. Sprich nicht von Ungewissheit – nenne es Staunen. Sprich nicht von Unsicherheit – nenne es Freiheit.

Du kannst nicht aufrichtig sein,
wenn du nicht mutig bist.
Du kannst nicht liebevoll sein,
wenn du nicht mutig bist.
Du kannst nicht vertrauen,
wenn du nicht mutig bist.
Du kannst die Wirklichkeit nicht erkunden,
wenn du nicht mutig bist.
Deshalb ist Mut das Wichtigste.
Alles andere folgt von selbst.

Was ist Mut?

Am Anfang besteht kein großer Unterschied zwischen einem Feigling und einem mutigen Menschen. Der einzige Unterschied ist, dass der Feigling auf seine Ängste hört und ihnen nachgibt, während der Mutige sie beiseite schiebt und weitergeht. Der Mutige geht trotz aller Ängste ins Unbekannte.

Mut heißt, trotz aller Ängste ins Unbekannte zu gehen. Mut heißt nicht, keine Angst zu haben. Furchtlosigkeit stellt sich ein, wenn man mit jedem Mal mutiger und mutiger wird; sie ist der höchste Ausdruck von Mut. Furchtlosigkeit ist die Eigenschaft eines vollkommen mutig gewordenen Menschen. Doch am Anfang besteht kein großer Unterschied zwischen einem Feigling und einem mutigen Menschen. Der einzige Unterschied ist, dass der Feigling auf seine Ängste hört und ihnen nachgibt, während der Mutige sie beiseite schiebt und weitergeht. Der Mutige geht trotz aller Ängste ins Unbekannte. Doch er kennt die Ängste, sie sind da.

Wenn man wie Kolumbus auf den unerforschten Ozean hinausfährt, kommt Angst auf, eine ungeheure Angst, denn man weiß nie, was geschehen wird. Man verlässt das sichere Ufer, obwohl es einem dort eigentlich ganz gut ging. Nur eines fehlte: das Abenteuer.

Dich ins Unbekannte zu wagen bringt Spannung in dein Leben. Dein Herz fängt an, stärker zu klopfen; du wirst wieder lebendig, total lebendig. Jede Faser deines Seins wird lebendig, weil du dem Lockruf des Unbekannten folgst.

Die Herausforderung des Unbekannten trotz aller Ängste anzunehmen – das ist Mut. Die Angst ist da, doch wenn du dich dieser Herausforderung immer wieder stellst, verschwindet sie allmählich. Die Freude, die das Unbekannte mit sich bringt, die große Ekstase, die damit einhergeht, macht dich stark; sie gibt dir eine gewisse Integrität und schärft deine Intelligenz. Zum ersten Mal stellst du fest, dass das Leben nicht langweilig ist, sondern ein Abenteuer. Und nach und nach verschwindet alle Angst; dann bist du ständig auf der Suche nach einem Abenteuer.

Grundsätzlich bedeutet Mut, das Bekannte für das Unbekannte aufs Spiel zu setzen, das Vertraute für das Neue, die Bequemlichkeit für eine unbequeme und beschwerliche Pilgerreise zu einem unbekannten Ziel. Du weißt nie, ob du es schaffen wirst oder nicht. Es ist ein Glücksspiel. Aber nur Spieler wissen, was Leben ist.

Das Tao des Mutes

Das Leben hört nicht auf deine Logik; es geht ganz gelassen und ungestört seinen eigenen Gang. Du musst auf das Leben hören, das Leben hört nicht auf dich. Es kümmert sich keinen Deut um deine Logik.

Was siehst du denn im Leben? Ein starker Sturm kommt und große Bäume werden umgeknickt. Ginge es nach Charles Darwin, sollten sie eigentlich überleben – sie sind doch die Tüchtigsten, die Stärksten und die Mächtigsten. Schau dir einen alten Baum an, dreißig Meter hoch und dreitausend Jahre alt. So ein Baum strahlt eine machtvolle Stärke aus. Millionen von Wurzeln haben sich tief in die Erde eingegraben und darüber erhebt sich dieser mächtige Baum. Und natürlich kämpft er – er will nicht nachgeben, er will sich nicht unterwerfen. Doch wenn der Sturm vorüber ist, ist der Baum umgestürzt, ist er tot. Alles Leben und alle Kraft sind aus ihm gewichen. Der Sturm war zu viel für ihn – der Sturm ist immer zu viel, denn der Sturm kommt aus dem Ganzen und der Baum ist nur ein Einzelner.

Dann sind da noch die kleinen Pflanzen und das gewöhnliche Gras. Wenn der Sturm kommt, gibt das Gras nach. Er kann ihm nichts anhaben. Er kann höchstens darüber hinwegfegen, das ist alles. Und der ganze Staub, der sich darauf angesammelt hat, wird dabei abgewaschen. Der Sturm ist wie ein gutes Bad. Wenn er vorbei ist, stehen die kleinen Pflanzen und Gräser wieder aufrecht und tanzen. Gras hat fast keine Wurzeln. Jedes kleine Kind kann es ausreißen und trotzdem widersteht es dem Sturm. Warum?

Das Gras folgte dem Weg des Tao, dem Weg von Laotse. Der große Baum dagegen folgte Charles Darwin. Der große Baum verhielt sich sehr logisch: Er versuchte, Widerstand zu leisten, er wollte beweisen, wie stark er war. Wenn du deine Stärke demonstrieren willst, wirst du besiegt. Alle Hitler, alle Napoleons, alle Alexander sind große, starke Bäume. Sie alle werden besiegt. Menschen wie Laotse sind wie die kleinen Pflanzen, die man nicht besiegen kann, weil sie jederzeit bereit sind nachzugeben. Wie kannst du einen Menschen besiegen, der nachgibt und sagt: »Ich bin schon besiegt!« Der sagt: »Freuen Sie sich ruhig an Ihrem Sieg, mein Herr. Völlig unnötig, hier groß Ärger zu machen. Ich bin schon besiegt.« Selbst ein Alexander wird sich vor Laotse sinnlos vorkommen. Er kann ihm nichts anhaben.

Genau das ist einmal passiert: Zur Zeit Alexanders des Großen lebte in Indien ein Mystiker namens Dandamis. Als Alexander zu einem Feldzug nach Indien aufbrach, baten ihn sein Freunde, ihnen auf dem Rückweg einen Sannyasin mitzubringen, denn diese seltene Blume blüht nur in Indien. Sie sagten: »Wir möchten gerne mehr über dieses Phänomen Sannyas erfahren – was das ist und was genau ein Sannyasin ist.«

Alexander war so mit Kriegsführung und Kämpfen beschäftigt, dass er ihren Wunsch beinahe vergessen hätte. Erst beim Rückzug an der indischen Grenze erinnerte er sich wieder daran. Als sie gerade das letzte Dorf verlassen wollten, befahl er seinen Soldaten, nachzuforschen, ob irgendwo in der Gegend ein Sannyasin lebte. Zufällig hielt sich Dandamis in diesem Augenblick in dem Dorf auf, unten am Flussufer, und die Leute sagten: »Ihr seid zur richtigen Zeit gekommen. Sannyasins gibt es viele, aber einen wirklichen Sannyasin findet man selten. Und so einer ist gerade hier. Ihr könnt bei ihm Darshan nehmen, ihr könnt ihn aufsuchen.« Alexander lachte. Er sagte: »Ich bin nicht gekommen, um Darshan zu nehmen. Meine Soldaten werden ihn herbringen. Ich will ihn in meine Heimat mitnehmen.«

»Das wird nicht so einfach sein«, meinten die Dorfbewohner.

Alexander verstand sie nicht – was sollte daran schwierig sein? Welche Schwierigkeiten sollte ihm, der schon Kaiser und Könige besiegt hatte, ein Bettler, ein Sannyasin bereiten? Also gingen seine Soldaten zu diesem Dandamis. Er stand nackt am Ufer des Flusses. Sie sagten: »Alexander der Große lädt dich ein, ihn in sein Land zu begleiten. Für jeden Komfort ist gesorgt, du bekommst alles, was du dir wünschst. Du wirst ein königlicher Gast sein.«

Der nackte Fakir lachte und sagte: »Geht und sagt eurem Herrn, ein Mann, der sich groß nennt, kann nicht wirklich groß sein. Außerdem kann niemand mich irgendwohin bringen. Sannyasins leben wie Wolken in völliger Freiheit. Mich kann niemand versklaven.«

Sie erwiderten: »Du hast sicher schon gehört, was für ein gefährlicher Mann Alexander ist. Wenn du nein sagst, wird er nichts darauf geben, sondern dir einfach den Kopf abschlagen!«

Schließlich musste Alexander selbst zu ihm hingehen, denn die Soldaten hatten ihm berichtet: »Er ist ein außergewöhnlicher Mensch. Ein Leuchten umgibt ihn, etwas völlig Unbekanntes. Und obwohl er nackt lebt, hat man in seiner Gegenwart nicht das Gefühl, dass er nackt ist. Erst später fällt es einem wieder ein. Er strahlt eine solche Kraft aus, dass man in seiner Gegenwart die ganze Welt vergisst. Ein Magnetismus und eine große Stille umgeben ihn. Seine ganze Umgebung fühlt sich an, als hätte sie ihre Freude an diesem Mann. Er ist wirklich bemerkenswert. Aber er macht es sich nicht einfach. Er sagt, niemand könne ihn irgendwohin bringen und er sei niemandes Sklave.«

Alexander kam mit gezücktem Schwert. Dandamis lachte und sagte: »Stecke dein Schwert weg, es ist nutzlos hier; stecke es zurück in die Scheide. Es nützt dir nichts, weil du nur meinen Körper töten kannst, und den habe ich schon lange verlassen. Mich kann dein Schwert nicht töten. Also stecke es weg und sei nicht kindisch.«

Und man berichtet, das sei das erste Mal gewesen, dass Alexander den Anweisungen eines anderen folgte. Die reine Präsenz dieses Mannes ließ ihn vergessen, wer er war. Er steckte sein Schwert ein und erklärte: »Noch nie bin ich einem so wunderbaren Menschen begegnet.« Und als er ins

Lager zurückkehrte, meinte er: »Es ist schwierig, einen Menschen zu töten, der bereit ist zu sterben; es ergibt keinen Sinn. Man kann jemanden töten, der kämpft, aber einen Mann, der einverstanden ist und sagt: ›Hier ist mein Kopf, du kannst ihn ruhig abschlagen‹, kann man nicht töten.«

Und genau das hatte Dandamis gesagt: »Hier ist mein Kopf, du kannst ihn ruhig abschlagen. Wenn der Kopf ab ist, wirst du ihn in den Sand fallen sehen. Und ich werde ihn ebenso in den Sand fallen sehen, denn ich bin nicht mein Körper. Ich bin ein Beobachter.«

Zu Hause musste Alexander seinen Freunden berichten: »Es gab Sannyasins, die ich hätte mitbringen können, aber die waren keine richtigen Sannyasins. Dann begegnete ich einem Mann, der wirklich außergewöhnlich war. Ihr habt recht gehört, ein Sannyasin ist wirklich eine seltene Blume. Aber man kann ihn zu nichts zwingen, denn er hat keine Angst vor dem Tod. Wie kann man jemanden zu etwas zwingen, der keine Angst vor dem Tod hat?«

Es ist die Angst, die dich zum Sklaven macht – reine Angst. Wenn du furchtlos bist, bist du kein Sklave mehr. Und deine Angst zwingt dich auch dazu, andere zu Sklaven zu machen, bevor sie dich versklaven können.

Ein furchtloser Mensch hat weder vor jemandem Angst noch macht er anderen Angst. Die Angst verschwindet vollständig.

Der Weg des Herzens

Das englische Wort ›courage‹ für Mut ist sehr aufschlussreich. Es stammt von der lateinischen Wurzel ›cor‹ ab, die ›Herz‹ bedeutet. Mutig sein bedeutet also, vom Herzen her zu leben. Nur Schwächlinge leben vom Kopf her. Aus lauter Angst schaffen sie eine Sicherheitszone aus Logik um sich herum. Mit Hilfe von Theologien, Konzepten, Worten und Theorien schließen sie ängstlich alle Türen und Fenster und verstecken sich dahinter.

Der Weg des Herzens ist der Weg des Mutes. Er bedeutet ein Leben in Ungewissheit, in Liebe, in Vertrauen, er bedeutet, dass man ins Unbekannte hineingeht, dass man die Vergangenheit hinter sich lässt und offen ist für die Zukunft. Mut bedeutet, gefährliche Wege zu gehen. Das Leben ist gefährlich und nur Feiglinge versuchen die Gefahren zu vermeiden – doch damit sind sie eigentlich schon tot. Ein Mensch, der lebendig ist, durch und durch lebendig und vital, geht immer ins Unbekannte. Das ist zwar gefährlich, aber dieses Risiko geht er ein. Das Herz ist immer bereit zu riskieren, das Herz ist ein Spieler. Der Kopf ist ein Geschäftsmann. Der Kopf will alles berechnen, er ist clever. Das Herz ist nicht berechnend.

Dieses englische Wort ›courage‹ ist schön und sehr aufschlussreich. Aus dem Herzen leben heißt einen Sinn entdecken. Der Dichter lebt vom Herzen her. Und nach und nach beginnt er in seinem Herzen dem Klang des Unbekannten zu lauschen. Der Kopf kann diesen Klang nicht hören, denn er ist sehr weit vom Unbekannten entfernt. Der Kopf ist voll mit dem Bekannten.

Woraus besteht dein Verstand? Er besteht aus allem, was du weißt. Er ist die Vergangenheit, das Tote, er ist das, was vorbei ist. Der Verstand ist nichts anderes als eine Anhäufung von Vergangenem, von Erinnerung. Das Herz ist die Zukunft. Das Herz hat immer Hoffnung, es ist immer auf die Zukunft ausgerichtet. Der Kopf denkt über das Vergangene nach; das Herz träumt von Zukünftigem.

Die Zukunft kommt erst noch, wir haben sie noch vor uns. Die Zukunft enthält noch Möglichkeiten – sie kommen auf uns zu, sie sind schon so gut wie da. Jeden Augenblick verwandelt sich die Zukunft in Gegenwart und die Gegenwart in Vergangenheit. Die Vergangenheit hat keinerlei Potenzial mehr, sie ist bereits genutzt worden. Du hast sie schon hinter dir gelassen. Ihre Möglichkeiten sind erschöpft, sie ist etwas Totes, sie ist wie ein Grab. Die Zukunft ist wie ein Same. Zukunft ist das, was sich ständig entwickelt, was ständig eintritt und in die Gegenwart übergeht. Du bist immer in Bewegung. Die Gegenwart ist nichts als eine ständige Bewegung in die Zukunft. Sie ist der Schritt, den du soeben tust. Sie führt in die Zukunft.

Das Herz ist immer bereit zu riskieren, das Herz ist ein Spieler. Der Kopf ist ein Geschäftsmann. Der Kopf will alles berechnen, er ist clever. Das Herz ist nicht berechnend.

Jeder Mensch auf der Welt möchte authentisch sein, denn es bringt so viel Freude und so eine grenzenlose Seligkeit mit sich, wenn man authentisch ist. Warum also unecht sein? Wirf einmal einen mutigen Blick darauf: Wovor hast du Angst? Was kann dir die Welt schon anhaben? Die Leute können höchstens über dich lachen. Das tut ihnen gut. Lachen ist immer eine gute Medizin. Die Leute können dich für verrückt halten. Aber das allein macht dich noch längst nicht verrückt.

Und wenn deine Freude, deine Tränen, dein Tanz authentisch sind, dann wirst du früher oder später Menschen begegnen, die dich verstehen und sich dir vielleicht anschließen. Als ich meinen Weg begann, war ich zuerst ganz allein, und dann schlossen sich mir nach und nach immer mehr Menschen an, bis schließlich eine weltweite Karawane daraus wurde! Dabei habe ich niemanden eingeladen; ich habe einfach immer das getan, was aus meinem Herzen kam.

Ich bin nur meinem Herzen verantwortlich, niemandem sonst auf der Welt. Und auch du bist nur deinem eigenen Sein gegenüber verantwortlich. Tu nie etwas gegen dein Herz, denn damit begehst du Selbstmord, damit zerstörst du dich selbst. Und was gewinnst du dabei? Selbst wenn die Leute dir Respekt erweisen, wenn sie dich für einen sehr ordentlichen, nüchternen, respektablen, ehrenwerten Menschen halten – für dein Inneres ist das keine Nahrung. Das gewährt dir keine bessere Einsicht in das Leben und seine unbeschreibliche Schönheit.

Wie viele Millionen von Menschen haben vor dir auf dieser Erde gelebt? Du kennst nicht einmal ihre Namen; ob sie je gelebt haben oder nicht, macht keinen Unterschied. Heilige und Sünder waren darunter, hoch angesehene Leute und alle möglichen Exzentriker und Verrückte, doch alle sind sie verschwunden, ohne die geringste Spur zu hinterlassen.

Richte also deine ganze Aufmerksamkeit darauf, jene Qualitäten zu hegen und zu pflegen, die du mitnehmen kannst, wenn der Tod deinen Körper und deinen Geist zerstört, denn diese Qualitäten werden dein einziger Begleiter sein. Sie sind die einzigen wirklichen Werte. Und nur die Menschen, die diese Werte erlangt haben, leben wirklich. Alle andern tun nur so, als würden sie leben.

Eines Nachts klopft der KGB an Jussel Finkelsteins Tür. Jussel öffnet verschlafen.

»Lebt hier gewisser Jussel Finkelstein?«, bellt der Geheimagent.

»Nein«, antwortet Jussel in seinem schlottrigen Pyjama.

»Nein? Und wie heißen Sie dann?«

»Jussel Finkelstein.« Der KGB-Mann schlägt ihn zu Boden: »Hast du nicht gerade gesagt, du lebst nicht hier?«

»Nennen Sie das etwa leben?«, stöhnt Jussel.

Leben ist nicht immer Leben. Schau dir dein Leben an. Kannst du sagen, es ist ein Segen? Kannst du es eine Gabe, ein Geschenk der Existenz nennen? Würdest du das gleiche Leben gerne noch einmal leben?

Wovor hast du Angst? Was kann dir die Welt schon anhaben? Die Leute können höchstens über dich lachen. Das tut ihnen gut. Lachen ist immer eine gute Medizin.

Höre nicht auf die Schriften, höre auf dein eigenes Herz. Das ist die einzige Schrift, die ich euch gebe. Höre ihr sehr aufmerksam und sehr bewusst zu, dann wirst du nie etwas falsch machen. Wenn du auf dein Herz hörst, wirst du nie im Zwiespalt sein. Wenn du der Stimme deines Herzens folgst, wirst du in die richtige Richtung gehen, ohne je darüber nachzudenken, was richtig und was falsch ist.

Das ist die Kunst, die die Menschheit in Zukunft beherrschen muss: ständig wach und aufmerksam auf das eigene Herz zu hören. Folge ihm, wo immer es dich hinführt. Gewiss, manchmal wird es dich in Gefahr bringen, aber diese Gefahren brauchst du, um zu reifen. Manchmal wird es dich in die Irre führen, aber auch diese Irrungen sind Teil deines Wachstums. Du wirst viele Male hinfallen – dann stehe wieder auf! Das macht dich stärker, wenn du hinfällst und wieder aufstehst. Das macht dich zu einem integrierten Menschen.

Lebe nicht nach Regeln, die dir von außen auferlegt wurden. Auferlegte Regeln können nie richtig sein, denn sie werden von Leuten erfunden, die Macht über dich ausüben wollen! Gewiss, manchmal hat es große Erleuchtete auf der Welt gegeben – einen Buddha, einen Jesus, einen Krischna, einen Mohammed – aber sie haben der Welt keine Regeln gegeben, sie haben ihr ihre Liebe gegeben. Doch früher oder später versammeln sich die Schüler und arbeiten Verhaltensregeln aus. Wenn der Meister einmal nicht mehr da ist, wenn das Licht verschwunden ist und sie von tiefer Dunkelheit umgeben sind, dann suchen sie nach Regeln, denen sie folgen können, denn das Licht, in dessen Schein sie hätten sehen können, leuchtet ihnen nicht mehr. Jetzt sind sie auf Regeln angewiesen.

Jesus hat nur danach gehandelt, was sein Herz ihm zugeflüstert hat. Doch die Christen tun nicht, was ihr eigenes Herz ihnen sagt. Sie sind Nachahmer. Und wenn du jemanden nachahmst, beleidigst du dein eigenes Menschsein, beleidigst du Gott.

Sei nie ein Nachahmer, sei immer ein Original. Werde nicht zur Kopie. Aber so sieht es auf unserer Welt aus: lauter Kopien. Wenn du ein Original bist, ist das Leben ein einziger Tanz. So folgst du deiner Bestimmung! Schau dir doch an, wie verschieden Buddha und Krischna sind. Wenn Krischna Buddhas Weg gefolgt wäre, dann wäre uns einer der wunderbarsten Menschen auf dieser Erde verloren gegangen. Und wenn Buddha Krischna nachgefolgt wäre, dann wäre aus ihm nur eine armselige Imitation geworden. Stellt euch Buddha vor, wie er auf der Flöte spielt! Er hätte allen die Nachtruhe geraubt – er war nun einmal kein Flötenspieler. Stellt euch Buddha als Tänzer vor – es sähe lächerlich aus, geradezu absurd.

Und genauso Krischna. Ein Krischna, der ohne Flöte unterm Baum sitzt, keine Krone aus Pfauenfedern auf dem Kopf, keine kostbaren Kleider – ein Bettler unter einem Baum, die Augen geschlossen, und keiner, der um ihn herum tanzt, nirgendwo ein Tanz, nirgendwo ein Lied – er wäre ein Bild des Jammers. Buddha ist Buddha, Krischna ist Krischna, und du bist du. Du bist in keiner Weise geringer als andere. Achte dich, achte deine eigene innere Stimme und folge ihr.

Und denke daran: Ich garantiere dir nicht, dass sie dich immer zum richtigen Ziel führt. Viele Male wird sie dich in die Irre führen, denn ehe du an der richtigen Tür ankommst, musst du zuerst an viele falsche Türen klopfen. Das ist nun mal so. Denn wenn du, einfach so, plötzlich vor der richtigen Tür stündest, würdest du sie gar nicht erkennen. Deshalb ist letztendlich keine Anstrengung umsonst; alle Anstrengungen sind ein Beitrag zur höchsten Entfaltung deines Wachstums.

Buddha ist Buddha, Krischna ist Krischna, und du bist du. Du bist in keiner Weise geringer als andere. Achte dich, achte deine eigene innere Stimme und folge ihr.

Zögere also nicht und mach dir nicht zu viele Gedanken, ob du in die falsche Richtung gehst. Das ist eins der Probleme: Man hat euch beigebracht, nie etwas falsch zu machen, und dadurch seid ihr so zögerlich und ängstlich geworden. Ihr seid so darauf bedacht, nur ja nichts falsch zu machen, dass ihr festgefahren seid. Ihr könnt euch kaum von der Stelle bewegen: Es könnte ja etwas Falsches passieren. Nun seid ihr wie Felsen, die jede Beweglichkeit verloren haben.

Begehe so viele Fehler wie möglich und achte dabei nur auf eins: dass du nicht den gleichen Fehler zweimal machst. Dann wirst du wachsen. Es gehört zu deiner Freiheit, dass du dich verläufst. Es ist Teil deiner Würde, dass du selbst gegen Gott angehen kannst. Und manchmal ist es sogar gut, gegen Gott anzugehen. So entwickelst du Rückgrat. Schließlich gibt es Tausende von Menschen, die kein Rückgrat haben.

Vergiss alles, was man dir darüber erzählt hat, was richtig ist und was falsch. So starr ist das Leben nicht. Was heute richtig ist, kann morgen falsch sein; was jetzt gerade falsch ist, kann schon im nächsten Augenblick richtig sein. Das Leben lässt sich nicht in Fächer einteilen, du kannst ihm nicht einfach Etiketten aufkleben: »Das ist richtig und jenes ist falsch.« Das Leben ist keine Drogerie, wo jede Flasche einen Aufkleber hat und du weißt, was was ist. Das Leben ist ein Mysterium. In diesem Augenblick passt etwas und dann ist es das Richtige, danach ist schon wieder so viel Wasser den Ganges hinunter geflossen, dass es nicht mehr passt und das Falsche ist.

Begehe so viele Fehler wie möglich und achte dabei nur auf eins: dass du nicht den gleichen Fehler zweimal machst. Dann wirst du wachsen.

Was ist meine Definition von richtig? Was in Einklang ist mit der Existenz, ist richtig, und was nicht in Harmonie ist mit der Existenz, ist falsch. Du musst also jeden Moment wachsam sein, denn das muss immer aufs Neue entschieden werden. Um herauszufinden, was richtig und was falsch ist, kannst du dich nicht auf vorgefertigte Antworten verlassen. Das tun nur Dumme, weil dazu keine Intelligenz nötig ist. Sie wissen im Voraus, was richtig und was falsch ist – man kann die Liste auswendig lernen, sie ist nicht sehr lang.

Zehn Gebote, und schon weißt du, was richtig und was falsch ist. So einfach ist das. Aber das Leben ändert sich dauernd. Wenn Moses heute wiederkäme, glaube ich nicht, dass er euch noch einmal die gleichen zehn Gebote geben würde. Unmöglich! Wie könnte er euch nach dreitausend Jahren die gleichen Gebote geben? Er würde sich etwas Neues ausdenken müssen.

Jedes Mal, wenn Gebote gegeben werden, bringt das die Menschen in eine schwierige Situation, denn kaum sind sie gegeben, da sind sie bereits wieder veraltet. Das Leben ändert sich so schnell, es ist dynamisch, nicht statisch. Es ist kein stehendes Gewässer, sondern ein Strom, der ständig weiterfließt. Keine zwei Augenblicke ist es gleich. Was in diesem Moment richtig ist, ist im nächsten vielleicht schon falsch.

Was lässt sich da tun? Es gibt nur eine Möglichkeit: die Menschen so bewusst zu machen, dass sie selbst entscheiden können, wie sie auf die ständig neuen Situationen des Lebens antworten wollen.

Eine Zen-Geschichte:

Es gab einmal zwei rivalisierende Tempel. Die beiden Meister – doch vermutlich waren sie nur Priester und keine echten Meister – waren so verfeindet, dass sie ihre Anhänger aufforderten, dem anderen Tempel auf keinen Fall Beachtung zu schenken. Jeder von den beiden hatte einen Jungen, der ihm diente, Einkäufe für ihn erledigte und Besorgungen machte. Der Priester des ersten Tempels warnte seinen Jungen: »Sprich nicht mit dem anderen Jungen. Diese Leute sind gefährlich.«

Aber Jungs sind nun mal Jungs. Eines Tages trafen sie sich auf der Straße und der Junge vom ersten Tempel fragte den anderen: »Wo gehst du hin?«

»Wohin der Wind mich trägt«, antwortete dieser. Wahrscheinlich hatte er im Tempel ein paar Zen-Sprüche aufgeschnappt. »Wohin der Wind mich trägt« – eine großartige Feststellung, reinstes Tao!

Der erste Junge war verlegen und beschämt und wusste nicht, was er antworten sollte. Er war frustriert, er war wütend und fühlte sich zugleich schuldig. Der Meister hatte ihm ja verboten, mit diesen Leuten zu reden. Die waren wirklich gefährlich! Und so eine Antwort war beleidigend. Er ging zum Meister und erzählte ihm, was geschehen war. »Es tut mir Leid, dass ich mit ihm gesprochen habe. Du hattest Recht, das sind wirklich merkwürdige Leute. Was ist das bloß für eine Antwort! Ich habe ihn nur gefragt: ›Wohin gehst du?‹ Eine einfache, höfliche Frage. Ich wusste ja, dass er genauso zum Markt geht wie ich. Aber er hat gesagt: ›Wohin der Wind mich trägt.‹«

Der Meister sagte: »Ich habe dich gewarnt, aber du wolltest nicht hören. Jetzt pass auf. Morgen wartest du wieder am selben Ort, und wenn er kommt, fragst du noch mal: ›Wo gehst du hin?‹ Und wenn er erwidert: ›Wohin der Wind mich trägt‹, dann sei ruhig auch ein bisschen philosophisch und frage: ›Und wenn du keine Beine hast, was dann?‹ –

denn die Seele ist körperlos und der Wind kann sie nirgendwo hintragen. Wie wäre das?«

Der Junge wiederholte diesen Satz die ganze Nacht lang, um hundertprozentig sicher zu sein. Am nächsten Morgen ging er sehr früh zu der besagten Stelle und wartete. Pünktlich um die gleiche Zeit erschien der andere Junge. Wie gut! Jetzt würde er ihm zeigen, was Philosophie ist. Er fragte ihn: »Wo gehst du hin?« Dann wartete er gespannt.

Doch der andere Junge sagte: »Ich gehe zum Markt, Gemüse einkaufen.«

Was half ihm nun seine auswendig gelernte Philosophie?

So ist das Leben. Du kannst dich nicht darauf vorbereiten, du kannst keine fertige Antwort bereithalten. Das ist seine Schönheit, das ist das Wunderbare am Leben, dass es dich immer überrascht. Es kommt immer als Überraschung. Wenn du Augen hast, wirst du sehen, dass jeder Augenblick eine Überraschung ist und keine vorgefertigte Antwort jemals zutrifft.

Jedes Mal, wenn Gebote gegeben werden, bringt das die Menschen in eine schwierige Situation, denn kaum sind sie gegeben, da sind sie bereits wieder veraltet. Das Leben ändert sich so schnell, es ist dynamisch, nicht statisch.

Der Weg der Intelligenz

Intelligenz ist Lebendigkeit, Intelligenz ist Spontaneität. Intelligenz ist Offenheit, Verletzlichkeit, Unvoreingenommenheit. Intelligenz ist der Mut, ohne vorgefasste Meinung zu leben. Und warum nenne ich das Mut? Weil eine vorgefasste Meinung dir als Schutz dient und dir Sicherheit gibt. Sie ist dir vertraut, du weißt damit umzugehen, darin hast du Geschick entwickelt. Ohne eine feste Meinung zu leben, heißt aus deiner Unschuld heraus zu leben. Und da gibt es keine Sicherheit. Du kannst jederzeit Fehler machen und irre gehen.

Wer die Entdeckungsreise antritt, die sich Wahrheit nennt, muss bereit sein, viele Irrtümer und Fehler zu begehen. Er muss bereit sein, etwas zu riskieren, weil man sich dabei verlaufen kann, doch nur so gelangt man ans Ziel. Nur indem man sich viele Male verirrt, lernt man, sich nicht mehr zu verirren. Wenn man viele Fehler begeht, lernt man, was ein Fehler ist und wie man ihn vermeidet. Wenn man weiß, was Irrtümer sind, kommt man dem, was Wahrheit ist, immer näher. Es ist eine individuelle Entdeckungsreise, bei der man sich nicht auf die Ansichten anderer verlassen darf.

Wenn man viele Fehler begeht, lernt man, was ein Fehler ist und wie man ihn vermeidet. Wenn man weiß, was Irrtümer sind, kommt man dem, was Wahrheit ist, immer näher. Es ist eine individuelle Entdeckungsreise, bei der man sich nicht auf die Ansichten anderer verlassen darf.

Bei deiner Geburt warst du ohne Gedanken. Nimm diese Wahrheit so tief wie möglich in dein Herz auf, denn dann öffnet sich dir eine Tür. Wenn man ohne Gedanken geboren wird, dann ist das Denken nur ein Produkt der Gesellschaft. Es ist nichts Natürliches, sondern etwas Anerzogenes. Es ist dir aufgepfropft worden. Doch darunter bist du immer noch frei. Du kannst dich davon lösen. Von etwas Natürlichem kann man sich nicht lösen, aber von etwas Künstlichem kannst du dich freimachen, wann immer du möchtest.

Die Existenz geht dem Denken voraus. Daher ist die Existenz kein Zustand des Verstandes, sie ist jenseits vom Verstand. Um die grundlegenden Dinge des Lebens zu erkennen, musst du sein und nicht etwa darüber nachdenken. Wissenschaft bedeutet Denken, Philosophie bedeutet Denken, Theologie bedeutet Denken. Religiosität jedoch bedeutet Freisein von Gedanken. Der religiöse Ansatz kommt ohne Denken aus. Er ist sehr viel intimer, er bringt dich der Wirklichkeit näher. Er beseitigt alles, was dich behindert, und räumt alles weg, was dich blockiert, und du beginnst in den Fluss des Lebens einzutauchen. Du empfindest dich nicht mehr als einen Zuschauer, als jemanden, der getrennt ist. Du siehst dich nicht mehr als distanzierten Beobachter, sondern begegnest der Wirklichkeit unmittelbar und verschmilzt mit ihr.

Es gibt eine andere Art von Wissen, die man eigentlich nicht Wissen nennen kann. Sie ist mehr wie Liebe, weniger wie Wissen. Sie ist so persönlich, so intim, dass die Bezeichnung ›Wissen‹ nicht passend ist. Das Wort ›Liebe‹ ist hier angemessener, aussagekräftiger.

In der Geschichte des menschlichen Bewusstseins hat sich als Erstes die Magie entwickelt. Magie war eine Mischung aus Wissenschaft und Religion. Sie hatte sowohl mit Denken als auch mit Nicht-Denken zu tun. Später entwickelte sich aus der Magie die Philosophie und dann aus der Philosophie die Wissenschaft. Magie war sowohl Denken als auch Nicht-Denken. Philosophie war reines Denken. Und danach entstand aus Denken plus Experimentieren die Wissenschaft. Religiosität ist ein Zustand des Nicht-Denkens.

Religiosität und Wissenschaft sind die beiden Wege, mit der Wirklichkeit umzugehen. Die Wissenschaft nähert sich ihr auf indirekte Weise, während die Religiosität den direkten Weg geht. Wissenschaft ist ein indirekter, Religiosität dagegen ein unmittelbarer Ansatz. Die Wissenschaft geht im Kreis herum, die Religiosität dringt mitten ins Herz der Dinge ein.

Und noch etwas: Das Denken kann sich nur mit dem Bekannten beschäftigen – das bereits Gekaute wird noch einmal gekaut. Denken kann nie ursprünglich sein. Wie kann man über das Unbekannte nachdenken? Alles, womit sich deine Gedanken beschäftigen können, gehört dem Bereich des Bekannten an. Du kannst nur darüber nachdenken, weil du es kennst. Bestenfalls kann das Denken neue Kombinationen erschaffen. Du kannst dir ein Pferd ausdenken, das aus Gold ist und am Himmel fliegt, aber neu ist das nicht. Du kennst Vögel, die am Himmel fliegen, du kennst Gold, du kennst Pferde, und diese drei Dinge verbindest du. Das Denken kann höchstens neue Kombinationen erfinden, aber das Unbekannte kann es nicht kennen. Das Unbekannte bleibt davon unberührt. So dreht sich das Denken im Kreis. Es denkt immer und immer wieder Bekanntes. Es kaut schon Gekautes immer wieder durch. Denken ist niemals ursprünglich.

Die Wirklichkeit unverfälscht zu erleben, der Wirklichkeit radikal und ohne eine vermittelnde Instanz zu begegnen, als wärst du der allererste Mensch auf Erden, das ist befreiend. Das Neue daran ist es, was so befreiend wirkt.

Wahrheit ist eine Erfahrung, kein Glaube. Man findet die Wahrheit nicht, indem man sie studiert; der Wahrheit muss man begegnen, man muss ihr ins Gesicht schauen. Wer über die Liebe nachdenkt, ist wie jemand, der versucht, den Himalaja kennen zu lernen, indem er Landkarten studiert. Die Karte ist nicht der Berg! Wenn du anfängst, an die Karte zu glauben, wirst du den Berg verfehlen. Wenn du nur noch die Karte im Kopf hast, dann mag der Berg genau vor dir stehen und du wirst ihn trotzdem nicht sehen können.

Und so ist es tatsächlich. Der Berg steht vor dir, doch du hast nur die Landkarten vor Augen – Karten von diesem Berg, die von verschiedenen Bergsteigern aufgezeichnet wurden. Der eine hat ihn von Norden bestiegen, der andere von Osten. Sie haben verschiedene Karten angefertigt: den Koran, die Bibel, die Bhagavadgita – alles verschiedene Karten derselben Wahrheit. Ihr habt den Kopf voller solcher Karten und werdet von ihrem Gewicht erdrückt, sodass ihr euch keinen Zentimeter mehr bewegen könnt. Ihr könnt den Berg, der da vor euch steht, gar nicht mehr wahrnehmen – seine unberührten Schneegipfel, die wie Gold in der Morgensonne leuchten. Eure Augen können ihn nicht sehen.

Ein voreingenommenes Auge ist blind. Ein Herz, das schon im Voraus entschieden hat, ist tot. Wenn du zu viel im Voraus weißt, verliert deine Intelligenz ihre Schärfe, ihre Schönheit, ihre Intensität. Sie wird stumpf.

Und diese abgestumpfte Intelligenz nennt man dann Intellekt. Eure so genannte Intelligenzia ist nicht wirklich intelligent, sie ist bloß intellektuell. Der Intellekt ist ein Leichnam. Du kannst ihn zwar dekorieren, du kannst ihn mit phantastischen Perlen, Diamanten und Smaragden behängen, aber eine Leiche bleibt eine Leiche. Lebendig zu sein ist etwas ganz anderes.

Ein voreingenommenes Auge ist blind. Ein Herz, das schon im Voraus entschieden hat, ist tot. Wenn du zu viel im Voraus weißt, verliert deine Intelligenz ihre Schärfe, ihre Schönheit, ihre Intensität. Sie wird stumpf. Und diese abgestumpfte Intelligenz nennt man dann Intellekt.

Wissenschaft zielt auf Eindeutigkeit ab, absolute Eindeutigkeit in Bezug auf Fakten. Aber wenn du immer nur eindeutig und sachlich bist, kannst du nichts Geheimnisvolles mehr fühlen. Je mehr du dich auf das Eindeutige beschränkst, desto mehr verschwindet das Geheimnisvolle, das Mysterium. Das Mysterium braucht eine gewisse Unbestimmtheit, eine gewisse Undefiniertheit und Unabgegrenztheit. Wissenschaft ist faktisch. Das Geheimnisvolle ist nicht faktisch, es ist existenziell.

Fakten machen nur einen Teil der Existenz aus, einen sehr kleinen Teil. Die Wissenschaft befasst sich mit diesen Teilen, weil Teile sich leichter handhaben lassen. Sie sind kleiner, sodass man sie analysieren kann; sie überwältigen einen nicht. Man kann sie in der Hand halten und besitzen, man kann sie zerlegen und in Schubladen stecken, man kann sich ihrer Eigenschaften, ihrer Maße und Möglichkeiten vollkommen sicher sein – aber genau dadurch wird das Geheimnisvolle zerstört. Wissenschaft ist Mord am Geheimnis.

Wenn du das Mysterium erfahren möchtest, musst du durch eine andere Tür treten, musst du aus einer ganz anderen Dimension kommen. Die Dimension des Denkens ist die Dimension der Wissenschaft und die Dimension der Meditation ist die Dimension des Wunderbaren, des Geheimnisvollen.

Wissenschaft ist Mord am Geheimnis. Wenn du das Mysterium erfahren möchtest, musst du durch eine andere Tür treten, musst du aus einer ganz anderen Dimension kommen.

Meditation macht alles uneindeutig. Meditation führt dich ins Unbekannte, ins Unerschlossene. Meditation bewirkt nach und nach eine Art Auflösung, wobei der Beobachter und das Beobachtete eins werden. In der Wissenschaft ist das unmöglich. Hier muss der Beobachter der Beobachter bleiben und das Beobachtete muss das Beobachtete bleiben, beides muss immer klar getrennt sein. Nicht einen einzigen Moment lang darfst du dich selbst gegenüber dem Objekt deiner Forschung vergessen, nicht einen einzigen Moment lang darfst du ihm gegenüber Interesse, Leidenschaft oder Liebe zeigen oder dich von ihm überwältigen lassen. Du musst Abstand bewahren, du musst ganz kühl bleiben – kühl und absolut unberührt. Aber Gleichgültigkeit zerstört das Mysterium.

Wenn du wirklich etwas vom Mysterium erfahren willst, musst du eine neue Tür in deinem Sein öffnen. Das heisst nicht, dass du aufhören sollst, Wissenschaftler zu sein. Ich sage damit nur, dass Wissenschaft eine periphere Tätigkeit für dich bleiben soll. Wenn du im Labor bist, sei Wissenschaftler; wenn du aus dem Labor herauskommst, vergiss die ganze Wissenschaft. Dann höre den Vögeln zu, aber nicht auf wissenschaftliche Art und Weise! Schau dir die

Blumen an, aber nicht auf wissenschaftliche Weise, denn wenn du eine Rose wissenschaftlich betrachtest, dann siehst du etwas völlig anderes – es ist nicht mehr die Rose, die der Dichter erlebt.

Die Erfahrung hängt nicht vom Objekt ab, die Erfahrung hängt von demjenigen ab, der die Erfahrung macht, von der Qualität seines Erfahrens.

Wenn du eine Blume anschaust, dann werde die Blume, tanze um die Blume herum, singe ihr ein Lied. Der Wind ist sanft und frisch, die Sonne scheint warm und die Blume steht in voller Blüte. Die Blume tanzt voller Freude im Wind und singt ein Lied, singt ihr Halleluja. Nimm daran teil! Lege deine Gleichgültigkeit, deine Objektivität, deinen Abstand beiseite. Mach dich frei von aller Wissenschaftlichkeit. Werde ein bisschen flüssiger, schmelzender, aufgelöster. Lass die Blume zu deinem Herzen sprechen, lass die Blume in dein Wesen eindringen. Lade sie ein – sie ist ein Gast. Dann wirst du etwas vom Mysterium spüren.

Das ist der erste Schritt zum Mysterium. Und wenn du einen Augenblick lang daran teilhaben kannst, kennst du den Schlüssel, das Geheimnis des letzten Schrittes. Dann nimm an allem teil, was du tust. Wenn du gehst, geh nicht einfach mechanisch, schaue dir nicht nur zu – sei dein Gehen. Wenn du tanzt, tanze nicht nach einer Technik; das Technische ist unwichtig. Du kannst alles richtig machen und doch nicht die geringste Freude dabei verspüren. Löse dich im Tanz auf, werde der Tanz, vergiss den Tänzer.

Wenn sich diese tiefe Einheit in vielen, vielen Bereichen deines Lebens bemerkbar macht und du anfängst, überall dieses wunderbare Auflösen, diese Ichlosigkeit, dieses Nichts zu erfahren; wenn die Blume da ist und du nicht mehr bist, wenn der Regenbogen da ist und du nicht mehr bist, wenn die Wolken am Himmel ziehen, da draußen ebenso wie in dir, und du nicht mehr bist … wenn in dir völliges Schweigen herrscht, wenn niemand in dir ist, nur eine unberührte Stille, die von keiner Logik, keinen Gedanken, Gefühlen oder Empfindungen gestört wird – das ist Meditation. Das Denken ist verschwunden. Und wenn das Denken aufhört, zeigt sich das Mysterium.

Der Weg des Vertrauens

Vertrauen ist die höchste Form von Intelligenz. Warum können die Menschen nicht vertrauen? Weil sie kein Zutrauen zu ihrer Intelligenz haben. Sie haben Angst davor, getäuscht zu werden. Und deshalb zweifeln sie. Zweifel entsteht aus einer gewissen Unsicherheit in Bezug auf deine eigene Intelligenz. Du fühlst dich nicht sicher genug, um wirklich Vertrauen zu haben. Vertrauen erfordert große Intelligenz, Mut und Integrität. Um zu vertrauen, braucht man ein großes Herz. Wenn du nicht genügend Intelligenz besitzt, dann schützt du dich mit Hilfe von Zweifeln.

Warum können die Menschen nicht vertrauen? Weil sie kein Zutrauen zu ihrer Intelligenz haben. Sie haben Angst davor, getäuscht zu werden.

Wenn du deiner Intelligenz vertrauen kannst, bist du bereit, ins Unbekannte zu gehen, denn du weißt, selbst wenn die ganze bekannte Welt verschwände und du im Unbekannten stündest, würdest du zurechtkommen, könntest du dort im Unbekannten heimisch werden. Das traust du dir und deiner Intelligenz zu. Zweifel ist immer auf der Hut; Intelligenz ist immer offen, denn sie weiß: »Was auch immer geschieht, ich kann die Herausforderung annehmen und entsprechend darauf reagieren.« Ein mittelmäßiger Verstand besitzt dieses Vertrauen in sich selbst nicht. Und Wissen ist etwas sehr Mittelmäßiges.

In einem Zustand des Nichtwissens zu sein ist Intelligenz, ist Bewusstheit. Und dabei wird nichts angehäuft. Alles, was geschehen ist, verschwindet im nächsten Augenblick wieder, ohne eine existenzielle Spur zu hinterlassen. Du gehst unberührt und unschuldig wie ein Kind daraus hervor.

Versuche nicht, das Leben zu verstehen. Lebe es! Versuche nicht, die Liebe zu verstehen – liebe! Dann wirst du verstehen und dieses Verstehen kommt dann aus deiner eigenen Erfahrung. Diese Art von Wissen wird niemals das Mysterium zerstören, denn je mehr du weißt, desto mehr erkennst du, wie viel es noch zu wissen gibt.

Das Leben ist kein Problem. Wenn du es als Problem empfindest, hast du den falschen Weg eingeschlagen. Das Leben ist ein Mysterium, das gelebt, geliebt und erfahren werden muss.

Ein Verstand, der ständig hinter Erklärungen her ist, ist im Grunde ein ängstlicher Verstand. Aus lauter Angst sucht er für alles eine Erklärung. Er kann sich auf nichts einlassen, bevor es ihm nicht erklärt wurde. Erst wenn er für alles eine Erklärung bekommt, hat er das Gefühl, sich auf vertrautem Boden zu bewegen. Jetzt kennt er die Geographie, jetzt kann er sich mit Hilfe von Landkarte, Reiseführer und Fahrplan bewegen. Er ist nie bereit, sich ganz ohne Plan und ohne Führer auf ein unbekanntes, unerschlossenes Gebiet zu begeben. Aber so ist das Leben. Einen Plan kann es nicht geben, weil sich das Leben ständig verändert. Es ist jeden Augenblick neu. Es gibt nichts Altes unter der Sonne. Ich sage euch, alles ist neu. Das Leben ist eine ungeheure Dynamik, eine einzige, absolute Bewegung. Nur der Wechsel ist beständig, nur die Veränderung ändert sich nie.

Du kannst dir keine Landkarte machen, weil sich alles in ständiger Veränderung befindet. Wenn die Karte gedruckt ist, ist sie schon überholt. Sobald du sie in der Hand hältst, ist sie nutzlos geworden, weil das Leben inzwischen seine Bahnen geändert hat. Das Leben spielt schon wieder ein neues Spiel. Mit Landkarten kannst du ihm nicht gerecht werden, denn es lässt sich nicht messen. Auch wenn du Reiseführer studierst, wirst du ihm nicht gerecht, denn Reiseführer und Ratgeber sind nur sinnvoll, wenn alles gleich bleibt. Aber das Leben stagniert nicht. Es ist dynamisch, es ist ein Prozess, von dem man keine Pläne anfertigen kann. Das Leben ist nicht messbar, es ist ein unermessliches Mysterium. Suche nicht nach Erklärungen.

Das nenne ich geistige Reife: Wenn jemand so weit gekommen ist, dass er dem Leben ohne irgendwelche Fragen gegenübertritt und einfach mutig und ohne Angst darin eintaucht.

Das Leben ist kein Problem. Wenn du es als Problem empfindest, hast du den falschen Weg eingeschlagen. Es ist ein Mysterium, das gelebt, geliebt und erfahren werden muss.

Die Welt ist voll von pseudoreligiösen Leuten – die Kirchen, Tempel, Gurudwaras und Moscheen sind voll von ihnen. Und seht ihr nicht, wie absolut unreligiös die Welt ist? So viele religiöse Menschen und eine so unreligiöse Welt – wie ist das nur möglich? Jeder scheint religiös zu sein und das Ergebnis ist Unreligiösität. Der Grund ist: Die Religion ist nicht echt. Die Leute haben nur ein anerzogenes Vertrauen. Das Vertrauen ist zum Glauben herabgesunken, es beruht nicht auf Erfahrung. Man hat die Menschen gelehrt zu glauben, statt aus eigener Erfahrung zu wissen – da liegt der Fehler, den die Menschheit gemacht hat.

Glaube niemals! Wenn du nicht vertrauen kannst, ist es besser zu zweifeln, denn wenn du zweifelst, bist du früher oder später auch fähig zu vertrauen. Man kann nicht ewig im Zweifel leben. Zweifeln ist eine Krankheit, ein Leiden. Wenn du innerlich zweifelst, kannst du dich nie erfüllt fühlen, wirst du immer zittern. Zweifeln ist eine ständige Qual, immer fühlst du dich geteilt und schwankend. Du lebst in einem Albtraum. Also wirst du eines Tages nach einem Ausweg suchen. Daher sage ich, dass es besser ist, ein echter Atheist zu sein, als ein Gottesgläubiger, ein Pseudo-Theist.

Man hat euch beigebracht zu glauben. Von Kindesbeinen an wurde jeder darauf dressiert zu glauben: Glaube an Gott, glaube an die Seele, glaube an dies und glaube an das! Inzwischen ist dir der Glaube in Fleisch und Blut übergegangen, aber es bleibt ein Glaube, es ist keine Erkenntnis. Und solange du nicht erkennst, kannst du nicht frei sein. Nur Erkennen befreit, nichts anderes. Alle Glaubenssätze sind geborgt. Andere haben sie dir gegeben, sie sind nicht in dir gewachsen. Und wie kann dich etwas Geborgtes zum Wirklichen führen, zur absoluten Wirklichkeit? Wirf alles ab, was du von anderen übernommen hast. Es ist besser, ein

Bettler zu sein als ein reicher Mann – reich nicht durch eigene Verdienste, sondern reich durch Gestohlenes, durch Geliehenes, reich durch Tradition, durch Erbschaft. Es ist besser, ein Bettler zu sein, aber dabei auf eigenen Füßen zu stehen. Eine solche Armut birgt Reichtum, denn sie ist echt; dein Reichtum an Glauben ist sehr arm. Solche Glaubenssätze gehen nie sehr tief, sie gehen nie unter die Haut. Kratze ein wenig am Lack und darunter kommt Ungläubigkeit zum Vorschein.

Du glaubst an Gott. Dann geht plötzlich dein Geschäft bankrott und schon ist dein Glaube dahin. Du sagst: »Ich habe den Glauben verloren. Ich kann nicht mehr an Gott glauben.« Du bist gläubig und ein geliebter Mensch stirbt und auf einmal ist dein Glaube verschwunden. Wenn durch den Tod des Geliebten dein Glaube zerstört wird, war er wohl nicht viel wert. Vertrauen kann nie zerstört werden – wenn es erst einmal da ist, kann nichts es zerstören. Nichts, absolut nichts kann es zerstören.

Alle Glaubenssätze sind geborgt. Andere haben sie dir gegeben, sie sind nicht in dir gewachsen. Und wie kann dich etwas Geborgtes zum Wirklichen führen?

Vergiss also nicht, dass es einen großen Unterschied zwischen Vertrauen und Glauben gibt. Vertrauen ist persönlich, Glauben ist gesellschaftlich. Ins Vertrauen musst du hineinwachsen; im Glauben kannst du bleiben, wie du bist, weil der Glauben einfach übergestülpt werden kann.

Gib all deinen Glauben auf! Es wird dir Angst machen, denn wenn du den Glauben aufgibst, kommt Zweifel auf. Jeder Glaube unterdrückt den Zweifel und zwingt ihn, sich zu verbergen. Mach dir keine Sorgen deswegen und lasse den Zweifel zu. Jeder muss durch die finstere Nacht, bevor er die Sonne aufgehen sieht. Jeder muss den Zweifel durchleben. Die Reise ist lang und die Nacht ist finster. Aber wenn nach der langen Reise und der finsteren Nacht der Morgen dämmert, dann weißt du, dass die Mühe sich gelohnt hat. Vertrauen kann man nicht ›kultivieren‹ – versuche niemals, es künstlich heranzuziehen. Doch genau das hat die gesamte Menschheit getan. Wenn man Vertrauen kultiviert, wird es zum Glauben. Kultiviere es nicht, entdecke es in dir selbst. Gehe tiefer in dich hinein, bis zur Quelle deines Seins, und entdecke dein Vertrauen.

Vertrauen ist persönlich, Glauben ist gesellschaftlich. Ins Vertrauen musst du hineinwachsen; im Glauben kannst du bleiben, wie du bist, weil der Glauben einfach übergestülpt werden kann. Gib all deinen Glauben auf!

Für deine Suche brauchst du Vertrauen, denn du wagst dich ins Unbekannte. Das erfordert sehr viel Vertrauen und Mut von dir, denn du entfernst dich vom Konventionellen und Traditionellen, du rückst weg von der Menge. Du fährst aufs weite Meer hinaus, ohne zu wissen, ob es überhaupt ein anderes Ufer gibt.

Wie könnte ich euch auf solch eine Forschungsreise schicken, ohne euch mit dem nötigen Vertrauen auszustatten? Das mag widersprüchlich erscheinen, aber was soll ich machen – das Leben ist nun mal so! Nur wer viel Vertrauen hat, kann wirklich zweifeln, kann wirklich auf die Suche gehen.

Wer nur wenig Vertrauen hat, kann auch nur wenig zweifeln. Wer gar kein Vertrauen hat, kann nur so tun, als ob er zweifelt. Er kann nicht wirklich in die Tiefe gehen. Tiefe kommt erst durch Vertrauen. Und es ist und bleibt ein Wagnis.

Bevor ich dich aufs offene Meer hinausschicke, muss ich dich auf diese ungeheuer weite Reise vorbereiten. Du musst sie allein unternehmen, aber ich kann dich zum Boot führen. Zuallererst musst du um die Schönheit und um die Ekstase wissen, die mit dem Vertrauen, mit dem Weg des Herzens verbunden sind, damit du genug Mut findest, dich immer weiter hinauszuwagen, wenn du das offene Meer der Wirklichkeit befährst. Was auch immer geschehen mag, du wirst dann genug Vertrauen in dich selber haben.

Sei dir bewusst: Wie kannst du auf jemanden oder auf etwas vertrauen, wenn du dir selbst nicht vertraust? Das ist unmöglich. Wie kannst du vertrauen, wenn du an dir selbst zweifelst? Du bist es, der vertrauen muss, aber nicht einmal dir selber vertraust du – wie kannst du dich da auf dein Vertrauen verlassen? Wenn sich Intellekt in Intelligenz verwandeln soll, musst du zuvor dein Herz öffnen. Das ist der Unterschied zwischen Intellekt und Intelligenz.

Intelligenz ist Intellekt im Einklang mit deinem Herzen. Das Herz weiß, wie man vertraut. Der Intellekt weiß, wie man sucht und forscht.

Wer nur wenig Vertrauen hat, kann auch nur wenig zweifeln. Wer gar kein Vertrauen hat, kann nur so tun, als ob er zweifelt. Er kann nicht wirklich in die Tiefe gehen. Tiefe kommt erst durch Vertrauen. Und es ist und bleibt ein Wagnis.

Es gibt eine alte Geschichte aus dem Osten:

Zwei Bettler lebten am Rand eines Dorfes. Der eine war blind und der andere hatte keine Beine mehr. Eines Tages begann der Wald bei dem Dorf, wo die Bettler lebten, zu brennen. Sie waren natürlich Konkurrenten, sie waren ja im selben Geschäft und bettelten von denselben Leuten. Sie waren sich Feind und konnten einander nicht leiden.

Leute im selben Geschäft können keine Freunde sein. Das ist höchst unwahrscheinlich, denn es geht ja um Konkurrenz, um Kunden. Man versucht sich gegenseitig die Kunden abzuwerben. Bettler erheben Anspruch auf ihre Kunden: »Aufgepasst, der gehört mir. Lass ihn in Ruhe!« Du selber weißt nicht, welchem Bettler du gehörst, in wessen Besitz du geraten bist, aber irgendein Bettler auf der Straße hat dich in Besitz genommen. Vielleicht hat er um dich gekämpft und die Schlacht gewonnen und jetzt gehörst du ihm …

In der Nähe der Universität sah ich oft einen Bettler, doch eines Tages traf ich ihn auf dem Markt. Er hielt sich sonst ständig bei der Universität auf, denn junge Leute sind großzügiger. Ältere Menschen werden mit der Zeit immer geiziger, immer ängstlicher. Der Tod rückt immer näher und jetzt scheint nur noch Geld zu helfen. Wenn sie etwas Geld beiseite gelegt haben, erhalten sie vielleicht auch von anderen Menschen Hilfe, doch wenn sie keines haben, kümmern sich nicht einmal ihre Söhne und Töchter um sie. Junge Leute hingegen können sehr spendabel sein. Sie sind noch jung, sie können Geld verdienen. Das Leben steht ihnen offen, es ist noch lange nicht zu Ende.

Dieser Bettler war ein reicher Bettler, denn die Universitätsstudenten sind meist reich. Wenn man in Indien an einer Universität studieren will, muss man aus einer reichen Familie stammen, sonst ist das Studium sehr, sehr hart. Auch ein paar wenige Unbemittelte schaffen es, aber nur mit äußerster Mühe und Not. Ich kam aus einer solchen armen Familie. Die ganze Nacht arbeitete ich als Redakteur bei einer Zeitung und tagsüber ging ich zur Uni. Jahrelang schlief ich nicht mehr als drei oder vier Stunden, am Tag oder in der Nacht, wann immer ich gerade Zeit dafür fand.

Dieser Bettler war sehr kräftig. Kein anderer Bettler durfte die Universitätsstraße betreten, er hinderte jeden daran. Alle wussten, wem die Universität gehörte – diesem Bettler! Doch eines Tages sah ich plötzlich einen jungen Mann dort stehen. Der Alte war nicht mehr da. Ich fragte ihn: »Was ist passiert? Wo ist der alte Mann?«

Er sagte: »Er ist mein Schwiegervater. Er hat mir die Universität zum Geschenk gemacht.« Die Universität wusste natürlich nichts von diesen neuen Besitzverhältnissen und ihrem neuen Besitzer.

»Ich habe seine Tochter geheiratet«, sagte der junge Mann.

In Indien bekommt der Mann bei der Heirat eine Mitgift. Er erhält nicht nur das Mädchen – sein Schwiegervater muss ihm, wenn er sehr reich ist, dazu ein Auto oder ein Haus schenken. Ist er nicht so reich, dann wenigstens einen Motorroller oder zumindest ein Fahrrad, aber irgendetwas muss er ihm geben – ein Radio, ein Transistorgerät, einen Fernseher und auch etwas Bargeld. Wenn er wirklich reich ist, verschafft er ihm die Möglichkeit, ins Ausland zu gehen, zu studieren, sich weiterzubilden, Arzt oder Ingenieur zu werden, und er kommt für alle Kosten auf.

Die Tochter dieses Bettlers hatte also geheiratet und als Mitgift hatte der junge Mann die ganze Universität erhalten. Er sagte: »Von heute an gehören diese Straße und diese Universität mir. Und mein Schwiegervater hat mir genau gezeigt, wer meine Kunden sind.«

Ich sah den alten Mann auf dem Markt und sagte zu ihm: »Das hast du aber gut gemacht mit deiner Mitgift!«

»Ja«, meinte er, »ich hatte nur eine einzige Tochter und wollte etwas für meinen Schwiegersohn tun. Ich habe ihm den besten Platz zum Betteln geschenkt. Jetzt bin ich hier und muss versuchen, mir auch auf dem Markt wieder ein Monopol zu schaffen. Das ist harte Arbeit, denn hier gibt es viele alteingesessene Bettler, die die Kunden bereits in Besitz genommen haben. Aber keine Sorge, ich schaffe das schon. Ich werfe einfach ein paar Bettler hinaus.« Und das tat er auch.

Als also der Wald zu brennen begonnen hatte, dachten jene zwei Bettler kurz nach. Sie waren sich Feind, sie sprachen kein Wort miteinander, doch dies hier war ein Notfall. Der Blinde sagte zu dem ohne Beine: »Wenn wir da hinaus kommen wollen, musst du dich auf meine Schultern setzen. Gebrauche meine Beine und ich will deine Augen gebrauchen. Nur so können wir uns retten.«

Sie einigten sich sofort, denn anders ging es nicht. Der, der keine Beine hatte, hätte es nie geschafft, allein den Wald zu durchqueren, denn es brannte schon überall. Sie mussten schleunigst fliehen, doch er wäre nicht vom Fleck gekommen. Auch der Blinde wusste, dass er es allein unmöglich schaffen würde. Er konnte nicht sehen, wo es brannte, wo die Straße verlief, wo die Bäume in Flammen standen und wo nicht. Er war blind und hätte sich hoffnungslos verirrt. Doch beide Männer waren intelligent genug, um ihre Feindschaft zu begraben, sich zusammenzutun und ihr Leben zu retten.

Diese Fabel aus dem Osten handelt von eurem Intellekt und eurem Herzen. Sie spricht nicht von Bettlern, sie spricht von euch. Es geht nicht um einen brennenden Wald, es geht um euch. Ihr seid es, die in Flammen stehen. Die ganze Zeit brennt ihr, leidet ihr, ängstigt ihr euch und macht ihr euch Sorgen. Allein ist euer Intellekt blind. Er hat Beine, er kann schnell rennen, er bewegt sich blitzschnell, aber weil er blind ist, vermag er nicht die richtige Richtung zu wählen. Und so stolpert er dauernd, stürzt, verletzt sich und findet das Leben sinnlos. Genau das behaupten die Intellektuellen auf der ganzen Welt: »Das Leben ist sinnlos.«

Der Grund, weshalb ihnen das Leben sinnlos erscheint, liegt darin, dass der blinde Intellekt versucht, das Licht zu sehen. Und das ist unmöglich.

In dir ist ein Herz, das sieht und das fühlt, aber es hat keine Beine. Es kann nicht rennen. Es bleibt, wo es ist, es schlägt, es wartet ... Eines Tages wird der Intellekt verstehen und die Augen des Herzens gebrauchen können.

Wenn ich von Vertrauen spreche, meine ich damit die Augen des Herzens.

Und wenn ich vom Zweifel spreche, meine ich die Beine eures Intellekts.

Beide zusammen können dem Feuer entkommen. Das ist nicht schwierig. Aber vergiss nicht, dass der Intellekt zuerst das Herz auf seinen Schultern akzeptieren muss, sonst geht es nicht. Das Herz hat keine Beine, nur Augen; und der Intellekt muss auf das Herz hören und seinen Anweisungen folgen.

In den Händen des Herzens wird der Intellekt intelligent. Es findet eine Transformation statt; deine Energie wird völlig transformiert. Dann bist du kein Intellektueller mehr, sondern du wirst weise.

Weisheit entsteht durch das Zusammentreffen von Herz und Intellekt. Und sobald du die Kunst beherrschst, eine Synchronizität zwischen den Schlägen deines Herzens und dem Wirken deines Intellekts herzustellen, hast du den Schlüssel für alle Geheimnisse, für alle Mysterien in deinen Händen.

Der Weg der Unschuld

Im Grunde geht es gar nicht um Mut. Im Grunde geht es darum, dass du nicht verstehst, dass alles Bekannte bereits tot ist und alles Unbekannte lebendig. Sich ans Bekannte zu klammern heißt, sich an das Tote zu klammern. Um eine Leiche loszulassen, braucht man keinen Mut. Im Gegenteil, man braucht Mut, um sich weiterhin an eine Leiche zu klammern. Du brauchst nur genau hinzusehen: Das, was dir vertraut ist, das, was du gelebt hast – was hat es dir gegeben? Wohin hat es dich gebracht? Bist du nicht immer noch leer? Ist da nicht immer noch eine ungeheure Unzufriedenheit in dir, eine tiefe Frustration und Sinnlosigkeit? Doch irgendwie machst du weiter, versteckst die Wahrheit und erfindest Lügen, um dich beschäftigt und engagiert zu halten.

Es geht nur um eins: mit aller Klarheit zu sehen, dass alles, was du weißt, der Vergangenheit angehört und bereits vorbei ist. Es gehört auf den Friedhof. Willst du in einem Grab sein oder willst du lebendig sein? Und darum geht es nicht nur heute, darum wird es auch morgen gehen und übermorgen. Noch bei deinem letzten Atemzug wird sich die gleiche Frage stellen.

In dem Moment, in dem du all das, was du weißt und ansammelst – all die Informationen, das Wissen und die Erfahrungen –, ausgekundschaftet hast, bist du damit fertig. Wenn du diese leeren Worte, diese tote Last jetzt noch mitschleppst, erdrückt das dein Leben, belastet das dein Leben und hindert dich daran, in das lebendige, freudige Dasein einzutreten, das dich jeden Augenblick erwartet.

Ein weiser Mensch lässt die Vergangenheit jeden Augenblick los und geht wie neugeboren in die Zukunft. Für ihn ist die Gegenwart eine ständige Transformation, eine Wiedergeburt, eine Auferstehung. Das ist absolut keine Frage von Mut! Das gilt es als Erstes zu verstehen. Es ist eine Frage der Klarheit – sich darüber im Klaren zu sein, was was ist.

Und als Zweites: Wenn es wirklich um Mut geht, kann ihn dir niemand geben. Mut kann dir niemand zum Geschenk machen, Mut ist etwas, womit du geboren bist. Du hast ihm nur nicht erlaubt zu wachsen, du hast ihm nicht erlaubt, sich geltend zu machen.

Ein weiser Mensch lässt die Vergangenheit jeden Augenblick los und geht wie neugeboren in die Zukunft. Für ihn ist die Gegenwart eine ständige Transformation, eine Wiedergeburt, eine Auferstehung.

Unschuld ist Mut gepaart mit Klarheit. Wenn du unschuldig bist, brauchst du keinen Mut. Du brauchst auch keine Klarheit, denn nichts ist klarer als Unschuld – sie ist kristallklar. Es geht also einzig und allein darum, wie man sich seine Unschuld bewahren kann.

Unschuld kannst du dir nicht erwerben, Unschuld kannst du nicht erlernen. Sie ist keine Begabung wie Malen, Musik,

Poesie oder Bildhauerei. Sie ist nichts dergleichen. Sie ist eher wie das Atmen. Du bist damit geboren.

Unschuld ist unser aller Natur. Niemand wird anders als unschuldig geboren.

Wie könnte man anders als unschuldig geboren werden? Bei deiner Geburt betrittst du die Welt als eine Tabula rasa. Nichts steht auf dir geschrieben. Du hast keine Vergangenheit, nur Zukunft. Genau das bedeutet Unschuld. Versuche also zuerst die Bedeutung von Unschuld genau zu verstehen.

Als Erstes: keine Vergangenheit, nur Zukunft.

Die Vergangenheit korrumpiert, denn sie gibt dir Erinnerungen, Erfahrungen, Erwartungen. Sie alle machen dich klug, aber nicht klar. Sie machen dich schlau, aber nicht intelligent. Sie helfen dir vielleicht, in der Welt voranzukommen, doch in deinem innersten Wesen bleibst du ein Versager. Und aller äußere Erfolg bedeutet nichts im Vergleich zu diesem Versagen, dem du dich schließlich stellen musst, denn am Ende bleibt dir nur dein inneres Selbst. Alles andere geht verloren: dein Glanz, deine Macht, dein Name, dein Ruhm – sie alle beginnen wie Schatten zu verblassen.

Am Ende bleibt dir nur das, was du von Anfang an bei dir hattest. Du kannst aus dieser Welt nur das mitnehmen, was du mitgebracht hast.

Wenn du unschuldig bist, brauchst du keinen Mut. Du brauchst auch keine Klarheit, denn nichts ist klarer als Unschuld – sie ist kristallklar. Es geht also einzig und allein darum, wie man sich seine Unschuld bewahren kann.

In Indien ist es eine allgemein bekannte Weisheit, dass die Welt so etwas wie ein Wartesaal in einem Bahnhof ist. Sie ist nicht dein Zuhause. Du bleibst nicht ewig in diesem Wartesaal. Nichts dort gehört dir, nicht die Möbel, nicht die Bilder an der Wand … Du benutzt sie nur. Du siehst dir ein Bild an, du setzt dich auf einen Stuhl, ruhst dich kurz aus, doch nichts gehört dir. Du bleibst bloß ein paar Minuten oder längstens ein paar Stunden hier, und schon bist du wieder weg.

Nur das, was du selbst in den Wartesaal mitgebracht hast, wirst du auch wieder mitnehmen. Es gehört dir. Und was hast du mit in die Welt gebracht? Die Welt ist tatsächlich ein Wartesaal. Du misst zwar dein Warten nicht in Sekunden, Minuten, Stunden oder Tagen, sondern eher in Jahren. Aber was macht es schon aus, ob du sieben Stunden oder siebzig Jahre wartest?

In siebzig Jahren vergisst du vermutlich, dass du bloß in einem Wartesaal bist. Vielleicht denkst du dann, du seist hier der Besitzer, dies sei das Haus, das du selbst gebaut hast. Und du bringst womöglich dein Namensschild am Wartesaal an.

Ich bin sehr viel gereist und habe mit eigenen Augen gesehen, wie Leute ihren Namen in den Toiletten der Wartesäle hinterlassen oder ins Mobiliar geritzt haben. Das sieht dumm aus, unterscheidet sich jedoch nicht wesentlich von dem, was sie sonst im Leben tun.

Am Ende bleibt dir nur das, was du von Anfang an bei dir hattest. Du kannst aus dieser Welt nur das mitnehmen, was du mitgebracht hast.

In den alten Schriften der Jaina findet sich eine sehr aufschlussreiche Geschichte. In Indien sagt man, dass einer, der die ganze Welt erobern kann, den Titel eines Chakravartin verdient. Chakra bedeutet ›Rad‹. Im alten Indien gab es eine Methode, um unnötige Kämpfe und sinnloses Blutvergießen zu vermeiden: Ein Streitwagen, ein sehr kostbarer goldener Wagen, gezogen von schönen und starken Pferden, fuhr von einem Königreich in ein anderes Königreich. Wenn dieses sich nicht wehrte und den Wagen passieren ließ, so bedeutete das, dass es den Besitzer des Wagens als überlegen anerkannte. Auf diese Weise brauchte man nicht unnötigerweise gegeneinander zu kämpfen.

So fuhr der Wagen immer weiter und wo ihm die Durchfahrt verweigert wurde, kam es zum Krieg. Wurde der Wagen nirgendwo angehalten, war damit die Überlegenheit seines Besitzers bewiesen, ohne dass es zu einer Schlacht gekommen wäre: Er wurde ein Chakravartin – einer, dessen Rad rollte und rollte und den niemand aufhalten konnte. Jeder König wäre gern ein Chakravartin gewesen.

Doch dazu braucht es mehr Macht, als selbst Alexander der Große sie hatte. Einfach einen Wagen auszuschicken … dahinter muss ungeheuer viel Macht stehen. Man muss sich absolut im Klaren darüber sein, dass es zu einem fürchterlichen Gemetzel kommen wird, wenn man den Wagen aufhält. Sein Besitzer hat bereits so viel Ruhm geerntet, dass man ihn nicht daran hindern kann, ein weiteres Land zu erobern, falls er das will.

Dies ist ein sehr symbolisches und zivilisiertes Vorgehen. Es besteht keine Notwendigkeit für einen Angriff, niemand wird getötet. Man schickt einfach eine symbolische Botschaft. Der Wagen fährt mit dem Banner des Königs los, und wenn der benachbarte König das Gefühl hat, dass Widerstand zwecklos ist und ein Kampf bloß zu einer Niederlage und zu unnötiger Gewalttätigkeit führen und sein Land zerstören würde, so heißt er den Wagen in der Hauptstadt willkommen und lässt Blumen über ihn regnen.

Diese Methode, einfach einen Wagen loszuschicken, scheint mir viel zivilisierter als das Vorgehen von Staaten wie Russland oder Amerika. Doch es setzt voraus, dass du dir deiner Macht absolut sicher bist – und alle anderen ebenso. Nur dann ist solch ein symbolisches Vorgehen von Nutzen. Jeder König hatte also den Wunsch, eines Tages ein Chakravartin zu werden.

Diese Geschichte nun erzählt von einem Mann, der tatsächlich ein Chakravartin wurde, was nur alle paar tausend Jahre einmal vorkommt. Selbst Alexander der Große war kein Welteneroberer – es blieb ihm noch viel zu erobern. Er starb sehr jung, er war nur dreiunddreißig Jahre alt und hatte gar nicht ausreichend Zeit, um die ganze Welt zu erobern. Und nicht nur das: Die Welt war damals noch gar nicht vollständig erforscht. Die Hälfte der Welt war noch unbekannt – und nicht einmal die bekannte Hälfte hatte Alexander ganz erobert. Der Mann jedoch, von dem in dieser Geschichte die Rede ist, wurde ein richtiger Chakravartin.

Weil ein Chakravartin nur alle paar tausend Jahre vorkommt, ist er natürlich etwas Außergewöhnliches, und man sagt, dass er bei seinem Tod mit großem Jubel empfangen und an einen ganz besonderen Ort geführt wird.

Nach der Mythologie der Jaina steht im Himmel ein ähnliches Gebirge wie der Himalaja. Der Himalaja besteht nur aus Fels und Erde und Eis. Sein Gegenstück im Himmel wird Sumeru genannt. Sumeru bedeutet ›das ultimative

Gebirge‹. Es gibt nichts Höheres, nichts Besseres. Es besteht aus solidem Gold und statt Felsen gibt es dort Diamanten, Rubine und Smaragde.

Wenn ein Chakravartin stirbt, wird er zum Sumerugebirge geführt, um seinen Namen dort einzugravieren. Das geschieht nur sehr, sehr selten, nur alle paar tausend Jahre. Natürlich war der Mann ganz aus dem Häuschen, weil er seinen Namen auf den Sumeru schreiben durfte. Das war der exklusivste Katalog aller Großen dieser Erde, die je gelebt hatten und die jemals nach ihm kommen würden. Damit durfte sich dieser Herrscher in ein Geschlecht von Supermännern einreihen.

Der Türhüter gab ihm die nötigen Instrumente, um seinen Namen einzugravieren. Er hätte gern einen Teil seiner Leute mitgenommen – sie hatten sich ein Leben ohne ihn nicht vorstellen können und Selbstmord begangen, als ihr Herrscher gestorben war – seine Frau, sein Premierminister, sein Oberbefehlshaber … Alle die Großen in seinem Umkreis hatten Selbstmord begangen und waren mit ihm gekommen.

Der Herrscher bat den Türhüter um Erlaubnis, dass alle mitkommen und zusehen durften, wie er seinen Namen verewigte, denn was bringt es schon, allein hinzugehen und deinen Namen hinzuschreiben, ohne dass jemand dabei zuschaut? Die eigentliche Freude liegt schließlich darin, dass die ganze Welt zuschaut.

Der Türhüter sagte: »Höre auf meinen Rat, denn ich habe dieses Handwerk von meinen Vätern übernommen. Schon mein Vater war ein Türhüter und auch sein Vater war einer. Seit Jahrhunderten sind wir die Türhüter beim Sumerugebirge gewesen. Höre also auf meinen Rat und nimm sie nicht mit. Du würdest es bereuen.«

Der Herrscher verstand diesen Ratschlag nicht. Er konnte ihn aber auch nicht einfach in den Wind schlagen, denn welches Interesse hätte der Türhüter haben können, ihn daran zu hindern?

Der Türhüter schlug ihm vor: »Graviere zuerst deinen Namen ein. Und wenn du dann immer noch möchtest, dass deine Leute es sehen, dann kommst du zurück und nimmst sie mit. Ich habe nichts dagegen, wenn du sie gleich mitnehmen willst, aber später hast du keine Gelegenheit mehr, sie loszuwerden, falls du dich auf einmal anders besinnen solltest. Gehe lieber zuerst allein hin.«

Das klang vernünftig und der Herrscher sagte: »Gut. Ich gehe allein hin und graviere meinen Namen ein, dann komme ich zurück und hole alle nach.« Der Türhüter war einverstanden.

Der Herrscher ging hin. Er sah den Sumeru im Licht von Tausenden von Sonnen, denn der Himmel ist nicht so arm, dass er sich mit einer einzigen Sonne begnügen müsste. Nein, Tausende von Sonnen, und ein goldener Berg, weit größer als der Himalaja, der doch immerhin fast zweitausend Meilen lang ist. Er war einen Moment lang so geblendet von all dem Glanz, dass er kaum die Augen öffnen konnte. Dann begann er nach einer Stelle für seinen Namen zu suchen, nach der richtigen Stelle, aber zu seiner großen Überraschung war nirgendwo ein freier Platz. Der ganze Berg war voller eingravierter Namen.

Er traute seinen Augen nicht. Zum ersten Mal wurde ihm bewusst, wer er war. Bis jetzt hatte er sich stets für einen Supermann gehalten, wie er nur alle paar tausend Jahre vorkommt. Doch die Zeit besteht seit Ewigkeiten und ein paar Jahrtausende fallen da nicht groß ins Gewicht. So viele Chakravartins hatte es schon gegeben, dass sich auf diesem größten Berg des ganzen Universums kein Plätzchen fand, wo er seinen kurzen Namen hinschreiben konnte.

Er kam zurück. Jetzt verstand er, wie Recht der Türhüter mit seinem Rat gehabt hatte, seine Frau, den Oberbefehlshaber, den Premierminister und seine anderen engsten Freunde nicht mitzunehmen. Wie gut, dass sie nichts gesehen hatten! So konnte er sie weiterhin im Glauben lassen, ihr Herrscher sei ein einzigartiges Wesen.

Er nahm den Türhüter beiseite und sagte zu ihm: »Da ist ja gar kein Platz.«

»Habe ich doch gleich gesagt!«, erwiderte der Türhüter. »Du musst einfach ein paar Namen ausradieren und dort deinen Namen hinschreiben. So ist das schon immer gemacht worden, solange ich hier bin. Und auch mein Vater hat stets gesagt, das sei immer so gemacht worden, und mein Großvater ebenfalls. Keiner aus meiner Familie hat je den kleinsten leeren Fleck auf dem Sumeru gesehen. Immer wenn wieder ein Chakravartin gekommen ist, musste er ein paar Namen auslöschen, um seinen eigenen hinschreiben zu können. Da steht also längst nicht die ganze Geschichte der Chakravartins. Unzählige Male wurde ausradiert und neu eingraviert. Mache dich also ruhig an die Arbeit. Und wenn du es danach deinen Freunden zeigen willst, kannst du sie mitnehmen.«

Der Herrscher sagte: »Nein, ich will es ihnen nicht zeigen. Ich mag nicht einmal meinen Namen hinschreiben. Wozu auch? Eines Tages wird jemand kommen und ihn auslöschen. Mein ganzes Leben ist völlig sinnlos geworden. Dass der Sumeru, der goldene Berg im Himmel, eines Tages meinen Namen tragen würde, war alles, was ich mir vom Leben erhoffte. Dafür habe ich gelebt, dafür habe ich mein

Leben aufs Spiel gesetzt. Dafür war ich zu allem bereit, auch wenn ich die ganze Welt hätte töten müssen. Und jetzt kann jeder andere meinen Namen auslöschen und seinen eigenen hinschreiben. Was bringt das schon? Ich werde nichts hinschreiben!«

Der Türhüter lachte.

»Warum lachst du?«, fragte der Herrscher.

Der Türhüter sagte: »Merkwürdig! Auch das habe ich schon von meinen Vorvätern gehört – dass Chakravartins kommen und wieder weggehen, nachdem sie das alles gesehen haben, ohne ihren Namen hinzuschreiben. Du bist da nicht der Erste. Jeder auch nur halbwegs intelligente Mensch würde dasselbe tun.«

Was kannst du in dieser Welt schon gewinnen? Was kannst du mit dir nehmen? Deinen Namen etwa? Dein Prestige, deine Respektabilität? Dein Geld, deine Macht? Deine Gelehrsamkeit? Gar nichts kannst du mitnehmen. Du musst alles hier zurücklassen. Dann verstehst du, dass alles, was du besessen hast, nicht wirklich dir gehört hat. Schon allein die Vorstellung von Besitz war falsch. Doch dieser Besitz hat dich korrumpiert.

Um diesen Besitz zu vermehren – um mehr Geld zu besitzen, mehr Macht zu haben, mehr Länder zu erobern –, hast du Dinge getan, die nicht einmal du selbst für richtig gehalten hast. Du hast gelogen, du warst unaufrichtig. Du hast hundert Gesichter aufgesetzt. Du bist keinen einzigen Augenblick lang jemand anderem oder dir selbst gegenüber aufrichtig gewesen. Es war dir unmöglich. Du musstest falsch spielen, eine Maske tragen, etwas vortäuschen, denn das ist es, was dir in der Welt weiterhilft. Authentizität hilft dir nicht weiter. Ehrlichkeit hilft dir nicht weiter. Wahrhaftigkeit hilft dir nicht weiter.

Wer bist du ohne deine Besitztümer, ohne deine Erfolge, ohne deinen Ruhm? Du weißt es nicht. Für dich bist du dein Name, bist du dein Ruf, dein Prestige, deine Macht. Doch wer bist du wirklich? So wird dein ganzes Besitzstreben zu deiner Identität. Es gibt dir ein falsches Seinsgefühl. Das ist das Ego.

Das Ego ist nichts Geheimnisvolles. Es ist ein sehr einfaches Phänomen. Du weißt nicht, wer du bist, aber ohne zu wissen, wer man ist, kann man nicht leben. Wenn ich nicht weiß, wer ich bin, was soll ich dann hier? Dann wird alles, was ich tue, bedeutungslos. Als Erstes und Wichtigstes muss ich wissen, wer ich bin. Dann kann ich vielleicht etwas tun, das mich auf natürliche Weise erfüllt, das mich zufriedenstellt und mich nach Hause bringt.

Doch wie kann ich jemals zu meiner wahren Bestimmung gelangen, wenn ich nicht weiß, wer ich bin, und einfach so weitermache wie bisher? Ich werde hierhin und dorthin laufen, aber niemals wird es einen Punkt geben, an dem ich sagen kann: »Jetzt bin ich angekommen. Das ist der Ort, nach dem ich gesucht habe.«

Du weißt nicht, wer du bist, deshalb brauchst du irgendeine falsche Identität als Ersatz. Dein Besitz gibt dir diese falsche Identität. Du kommst mit einem unschuldigen Beobachter in dir zur Welt – jedes Kind kommt auf dieselbe Weise zur Welt, mit derselben Bewusstseinsqualität. Aber bald beginnst du einen Handel mit der Welt der Erwachsenen. Sie haben dir viel zu geben. Du selber hast nur eins zu geben: deine Integrität, deine Selbstachtung. Du hast nicht viel, nur eins – nenne es, wie du willst: Unschuld, Intelligenz, Authentizität – du hast nur dieses Eine.

Und ein Kind zeigt ein natürliches Interesse an allem, was es um sich sieht. Es will einmal dies, einmal das. Das nimmt kein Ende, das gehört zur menschlichen Natur. Wenn du einem kleinen Kind zuschaust, siehst du das sofort. Schon ein Neugeborenes beginnt nach etwas zu greifen. Seine Händchen versuchen etwas zu finden. Seine Reise hat begonnen.

Auf seiner Reise wird es sich verlieren, denn auf dieser Welt bekommt man nichts, ohne dafür zu bezahlen. Und das arme Kind kann noch nicht verstehen, wie kostbar das ist, was es hingibt; dass seine Integrität viel, viel wertvoller ist als alles andere und schwerer wiegen würde als die ganze Welt, wenn diese auf der anderen Waagschale läge. Dem Kind ist dieses Wissen nicht zugänglich. Da liegt das Problem. Denn was es mit auf die Welt bekommen hat, das hat es nun einmal, das nimmt es als selbstverständlich hin.

Wenn jemand wirklich weiß, was Frieden ist und was in unseren Köpfen vor sich geht, kann er kein Buch mit dem Titel ›Peace of Mind‹ schreiben. Die Wurzel von allem Unfrieden, von aller Rastlosigkeit liegt im Kopf, im Denken. Frieden stellt sich dann ein, wenn das Denken aufgehört hat. ›Peace of Mind‹ ist also ein Unding. So etwas existiert nicht.

Ich möchte euch eine Geschichte erzählen, die das verdeutlicht.

Ein reicher Mann, ein schwerreicher Mann war am Ende seines Lebens sehr frustriert – was ein ganz natürliches Ergebnis jedes Erfolges ist. Nichts bringt so viel Misserfolg ein wie der Erfolg. Erfolg ist nur wichtig, solange du ein Versager bist. Sobald du Erfolg hast, weißt du, dass dich die Welt, die Menschen, die Gesellschaft betrogen haben. Dieser Mann war unermesslich reich, fand jedoch keinen inneren Frieden. Er wünschte sich, dass sein Kopf endlich zur Ruhe käme.

Genau das geschieht gegenwärtig in Amerika. In Amerika suchen mehr Menschen nach geistigem Frieden als anderswo in der Welt. In Indien bin ich nie jemandem begegnet, der nach geistigem Frieden Ausschau gehalten hätte. Zuerst muss dafür gesorgt werden, dass der Magen friedlich ist. Geistiger Frieden kommt erst weit, weit hinten. Der Kopf scheint Millionen von Meilen vom Magen entfernt.

In Amerika jedoch sucht alles nach ›Peace of Mind‹. Und wenn du danach suchst, gibt es natürlich sofort jemanden, der bereit ist, ihn dir zu verschaffen. Das folgt einem simplen ökonomischen Gesetz: Wo eine Nachfrage herrscht, ist das Angebot nicht weit. Es spielt keine Rolle, ob du das, was du möchtest, auch wirklich brauchst. Und es kümmert sich auch keiner darum, ob dir das Angebotene wirklich etwas bringt, ob etwas Substanzielles dahintersteckt oder ob es sich nur um billige Propaganda oder um einen Werbetrick handelt.

Im Wissen um dieses einfache Prinzip, dass die Nachfrage das Angebot bestimmt, sind die ganz Schlauen noch einen Schritt weiter gegangen. Sie haben sich gesagt: Man braucht gar nicht erst abzuwarten, bis eine Nachfrage entsteht, man kann sie selbst erzeugen. Werbung ist die Kunst, ein Bedürfnis zu erzeugen.

Bevor du die Werbung gelesen hast, hattest du kein Bedürfnis nach dem Angebotenen, hattest du nie das Gefühl, es zu benötigen. Jetzt spürst du auf einmal: »Mein Gott, genau das hat mir gefehlt! Was bin ich doch für ein Dummkopf! Ich hatte ja keine Ahnung, dass es so etwas gibt.«

Bevor sich jemand daran macht, etwas herzustellen, etwas zu produzieren, beginnt er dafür zu werben – oft schon drei, vier Jahre im Voraus. Die Ware ist noch gar nicht auf dem Markt erhältlich, denn zuerst muss in den Köpfen der Leute ein Bedürfnis danach geweckt werden. Und sobald das Bedürfnis da ist, ist die Ware lieferbereit.

George Bernard Shaw hat erzählt, wie er damals, als er noch neu als Autor war, sein erstes Buch veröffentlichte. Natürlich bestand noch keine Nachfrage. Niemand hatte je von George Bernard Shaw gehört. Wie hätte da jemand ein Buch oder ein Theaterstück von ihm verlangen können? Was tat er also? Er kratzte all sein Geld zusammen und veröffentlichte das Buch auf eigene Rechnung. Und danach ging er den ganzen Tag von einer Buchhandlung zur anderen und fragte: »Haben Sie das neue Buch von George Bernard Shaw?«

»George Bernard Shaw? Noch nie gehört, den Namen«, sagten sie.

»Merkwürdig!«, sagte Shaw. »Ein so großer Schriftsteller! Sie führen eine Buchhandlung und haben noch nie von ihm gehört? Sind Sie denn nicht auf dem Laufenden? Sie müssen sich sofort George Bernard Shaws Bücher besorgen.« Er hatte erst ein Buch veröffentlicht, begann jedoch gleich für mehrere Werbung zu machen, denn wenn man schon einmal dabei ist, warum dann nur für ein einziges Buch werben? Und ein einziges Buch macht aus dir noch keinen großen Schriftsteller.

Er verkleidete sich. Manchmal trug er einen Hut, dann wieder eine Brille. Und die Leute begannen bei ihm zu Hause anzurufen. Er musste alles selber machen – die Werbung, die Auslieferung … So verkaufte er sein erstes Buch. Er sprach Leute auf der Straße an: »Haben Sie schon vom neuen Buch von diesem George Bernard Shaw gehört? Die Leute sprechen von nichts anderem. Und alle loben es über den grünen Klee. Kennen Sie es schon?«

Immer hieß es: »Nein, ich kenne nicht einmal seinen Namen.«

»Eigenartig«, sagte Shaw dann. »Ich habe immer geglaubt, Londons Gesellschaft sei kulturell auf der Höhe.« Er suchte Bibliotheken und Klubs auf und ging überall hin, wo die Möglichkeit bestand, eine Nachfrage zu erzeugen. Und er schaffte es auch. Er verkaufte sein Buch. Und weil er nicht locker ließ, wurde er schließlich einer der größten Schriftsteller seiner Zeit. Er hatte ein Bedürfnis geweckt.

Wenn die Leute jedoch erfolgreich sind, braucht es niemanden, um ein Bedürfnis nach innerem Frieden zu wecken. Denn wenn du erfolgreich bist, verlierst du automatisch den Frieden. Das ist ein ganz natürlicher Vorgang. Der Erfolg raubt dir allen inneren Frieden. Er saugt alles in sich ein, was im Leben von Bedeutung ist: Friede, Stille, Freude, Liebe ... Er nimmt dir fortwährend alles weg. Schließlich sind deine Hände voll von wertlosem Kram. Alles, was von Wert ist, geht verloren. Dann merkst du auf einmal, dass dein Verstand Frieden braucht.

Und sofort sind auch schon Lieferanten da, die keine Ahnung vom Verstand und von Frieden haben. Es gibt ein Buch mit dem Titel ›Peace of Mind‹ von einem jüdischen Rabbi namens Joshua Liebman. Ich habe es von vorn bis hinten durchgeblättert. Der Mann weiß weder etwas über Frieden noch etwas über die Psyche. Aber er ist ein Geschäftsmann. Er hat ganze Arbeit geleistet, ohne wirklich etwas von innerem Frieden zu verstehen.

Sein Buch ist weltweit ein Bestseller geworden, denn wer sich danach sehnt, zur Ruhe zu kommen, wird früher oder später auf Joshua Liebman stoßen. Und es ist sehr gut geschrieben. Liebman ist ein sehr beredter und guter Schriftsteller, der seine Leser zu beeindrucken weiß. Doch der Frieden ist nach der Lektüre dieses Buches genauso weit weg wie zuvor – oder vielleicht sogar noch ein Stück weiter weggerückt.

Wenn jemand wirklich weiß, was Frieden ist und was in unseren Köpfen vor sich geht, kann er kein Buch mit dem Titel ›Peace of Mind‹ schreiben. Die Wurzel von allem Unfrieden, von aller Rastlosigkeit liegt im Kopf, im Denken. Frieden stellt sich dann ein, wenn das Denken aufgehört hat. ›Peace of Mind‹ ist also ein Unding. So etwas existiert nicht.

Solange der Verstand da ist, ist kein Frieden da. Und wenn Frieden da ist, ist da kein Denken mehr. Aber ein Buch mit dem Titel ›Peace of No-Mind‹ zu schreiben … Ich habe daran gedacht, aber wer würde dieses Buch schon kaufen wollen? ›Friede im Nicht-Denken‹? Es scheint keinen Sinn zu ergeben, obwohl genau das der Wahrheit entspricht.

Ein Kind ist sich nicht bewusst, was es mit sich gebracht hat. Der reiche Mann war in der gleichen Lage. Er besaß alle Reichtümer dieser Welt und jetzt suchte er nach innerem Frieden. Er ging von einem klugen Mann zum anderen und jeder gab ihm einen guten Rat, aber Ratschläge helfen niemandem.

Nur Narren geben Ratschläge und nur Narren befolgen sie. Weise Menschen sind sehr zurückhaltend mit Ratschlägen, denn ein Weiser weiß, dass guter Rat das Einzige auf der Welt ist, was umsonst gegeben und von niemandem angenommen wird. Warum sich also die Mühe machen?

Ein Weiser bereitet dich zuerst vor, damit du seinen Rat annehmen kannst. Er gibt ihn dir nicht einfach so. Es braucht ein wenig Vorbereitung. Es mag Jahre dauern, bis du bereit bist, bis das Feld bestellt ist, bis die Saat gesät werden kann. Er wäre ein Narr, wenn er Saatkörner auf Felsen und Steine werfen würde. Das wäre die reinste Verschwendung.

Alle die klugen Leute gaben ihm also gute Ratschläge, aber nichts half. Eines Tages hielt ihn ein Mann, den er gar nicht um Hilfe gebeten hatte, der in keiner Weise berühmt war, den man im Gegenteil für einen Idioten hielt, mitten auf der Straße an und sagte: »Du vergeudest nur unnötig deine Zeit. Das sind alles keine wirklich weisen Leute. Ich kenne sie. Aber weil ich der Dorftrottel bin, glaubt mir keiner. Vielleicht glaubst du mir auch nicht. Aber ich kenne einen wirklich weisen Mann. Ich habe gesehen, wie du dich abquälst und ständig auf der Suche nach Frieden bist. Und da habe ich mir gedacht, es wäre besser, dir gleich den richtigen Mann zu zeigen. Ich bin zwar nur ein Idiot, niemand fragt mich je um Rat und normalerweise würde ich mich hüten, Ratschläge zu erteilen. Aber dich so traurig und elend zu sehen hat mich umgestimmt. Es gibt da einen wirklich weisen Mann. Er wohnt gleich im Nachbardorf.«

Der reiche Mann bestieg sogleich sein edles Pferd und machte sich mit einem großen Beutel voll kostbarer Diamanten auf den Weg. Er kam an und fand den Mann. Den Sufis ist er als Mulla Nasruddin bekannt.

Er fragte den Mulla: »Kannst du mir helfen, Frieden zu finden?«

Der Mulla sagte: »Helfen? Ich kann ihn dir verschaffen!«

Der Reiche dachte: »Du liebe Zeit! Da schlägt mir dieser Idiot vor … und in meiner Verzweiflung habe ich gedacht, es könne nichts schaden, und bin hergekommen. Aber der da scheint ein noch größerer Idiot zu sein. Er hat gesagt: ›Ich kann ihn dir verschaffen.‹«

»Kannst du das wirklich?«, fragte er. »Ich bin schon bei den verschiedensten Leuten gewesen, und alle hatten sie gute Ratschläge auf Lager: Tue dies, tue das, diszipliniere dich, übe Barmherzigkeit, hilf den Armen, stifte ein Krankenhaus – mal dies, mal jenes. Und ich habe jeden Rat befolgt, aber nichts hat geholfen. In Wahrheit ist alles nur noch schlimmer geworden. Und da sagst du, du kannst mir Frieden verschaffen?«

Mulla meinte: »Das geht ganz leicht. Steige vom Pferd.« Der Reiche stieg mit seinem Beutel vom Pferd. Mulla fragte: »Was hast du da in deinem Beutel? Warum drückst du ihn so fest ans Herz?«

»Da sind kostbare Diamanten drin. Wenn du mir Frieden verschaffen kannst, gehört der Beutel dir.« Doch bevor er sich versah, schnappte sich Mulla den Beutel und rannte damit weg.

Der Reiche war einen Augenblick lang wie betäubt. Zuerst wusste er nicht, was er jetzt tun sollte; dann musste er wohl oder übel hinter Mulla herlaufen. Doch Mulla, der hier wohnte, kannte jede Straße und jede Abkürzung. Er rannte immer weiter. Der Reiche war noch nie in seinem Leben gerannt. Er war sehr fett geworden. Er weinte und keuchte und prustete. Tränen rannen ihm über die Wangen. »Man hat mich belogen und betrogen!«, jammerte er. »Dieser Mann hat mir alles geraubt, was ich mein ganzes Leben lang verdient habe. Alles ist futsch.«

Immer mehr Leute folgten ihm und alle lachten. »Spinnt ihr eigentlich?«, fuhr er sie an. »Gibt es hier lauter Verrückte? Man hat mich komplett ruiniert, und statt den Dieb festzuhalten, lacht ihr mich aus.«

»Er ist kein Dieb«, erwiderten sie darauf. »Er ist ein sehr weiser Mann.«

»Dieser Idiot aus meinem Dorf hat mir das eingebrockt«, dachte sich der Reiche. Doch er rannte weiter und schwitzte und blieb Mulla auf den Fersen, bis dieser an die Stelle unter dem Baum zurückgekehrt war, wo das Pferd stand. Er setzte sich mit dem Beutel unter den Baum und wartete, bis der Reiche jammernd und keuchend herbeigelaufen kam. Dann sagte Mulla: »Da, nimm deinen Beutel!« Der Reiche presste den Beutel fest an sein Herz. Und Mulla fragte: »Wie fühlst du dich? Spürst du jetzt ein wenig Frieden?«

Der Reiche sagte: »Oh ja. Es fühlt sich alles sehr friedvoll an in mir. Du bist ein merkwürdiger Mensch und hast merkwürdige Methoden.«

Mulla meinte: »Ganz und gar nicht. Das ist nur simples Einmaleins. Was man hat, wird einem mit der Zeit selbstverständlich. Erst wenn man es verliert, erkennt man seinen wahren Wert. Du hast nichts dazugewonnen. Es ist derselbe Beutel, den du ohne inneren Frieden mit dir herumgetragen hast. Und jetzt drückst du ihn ganz fest an dein Herz. Jeder kann sehen, wie friedvoll du dabei aussiehst – der reinste Weise! Und jetzt geh heim und lass uns in Ruhe!«

Genau da liegt das Problem für das Kind: Es kommt unschuldig zur Welt und ist bereit, sich alles und jedes zu kaufen und mit seiner Unschuld dafür zu bezahlen. Es ist bereit, sich jeden Mist andrehen zu lassen und seinen Mut dafür herzugeben. Es ist bereit, Kinderkram zu erstehen – und was gibt es anderes auf dieser Welt als Kinderkram? – und dafür seine Klarheit zu verlieren. Erst wenn all dieser Kram in seinem Besitz ist und es keine Freude und keine

Erfüllung darin findet, wenn es keinen Sinn darin sehen kann – erst dann geht ihm ein Licht auf. Dann wird ihm bewusst, was es verloren hat, was es sich selbst da eingebrockt hat.

In einer besseren Welt würde jede Familie von ihren Kindern lernen. Ihr seid so sehr darauf bedacht, ihnen etwas beizubringen. Niemand scheint etwas von ihnen zu lernen, obwohl sie euch so vieles beibringen könnten und ihr ihnen eigentlich gar nichts.

Nur weil ihr älter seid und mehr Macht habt, beginnt ihr sie euch anzugleichen, ohne euch je darauf zu besinnen, was aus euch geworden ist, was ihr erreicht habt, wie wenig ihr in der inneren Welt beheimatet seid. Ihr seid bettelarm. Und ihr wollt dasselbe für eure Kinder?

Doch keiner sieht über seine Nase hinaus, denn sonst würden die Leute anfangen, von den kleinen Kindern zu lernen. Kinder bringen sehr viel von der anderen Welt mit, denn sie sind Neuankömmlinge. Sie tragen noch die Stille des Mutterschoßes in sich, die Stille der Existenz selbst.

In einer besseren Welt würde jede Familie von ihren Kindern lernen. Ihr seid so sehr darauf bedacht, ihnen etwas beizubringen. Niemand scheint etwas von ihnen zu lernen, obwohl sie euch so vieles beibringen könnten und ihr ihnen eigentlich gar nichts.

Habe Vertrauen ins Unbekannte. Das Bekannte ist der Verstand. Das Unbekannte kann unmöglich der Verstand sein. Es ist alles andere als der Verstand. Vom Verstand weißt du mit Sicherheit, dass er eine Sammlung von Bekanntem ist. Wenn du zum Beispiel an eine Weggabelung kommst und etwas in dir sagt: »Gehe diesen Weg, den kennst du schon« – dann ist es der Verstand. Wenn du auf dein Wesen hörst, wirst du merken, dass es lieber ins Unentdeckte, ins Unbekannte gehen würde. Das innerste Wesen ist immer ein Abenteurer. Der Verstand ist sehr orthodox, sehr konservativ. Er mag die ausgefahrene Spur, er will immer wieder den ausgetretenen Pfad entlangtrotten, den Weg des geringsten Widerstandes.

Halte also immer Ausschau nach dem Unbekannten. Und fasse Mut, dich auf das Unbekannte einzulassen.

Du brauchst sehr viel Mut, um deine Bestimmung erfüllen zu können. Menschen, die voller Angst sind, können nicht über die Grenzen des Bekannten hinauswachsen. Das Bekannte gibt eine gewisse Sicherheit und Bequemlichkeit, weil es vertraut ist. Man kennt sich damit aus, man weiß, wie man damit umzugehen hat. Man kann alles fast schon im Schlaf erledigen – dazu braucht man gar nicht wach zu sein. Das ist das Bequeme am Bekannten.

Sobald du die Grenze des Bekannten überschreitest, kommt Angst auf, denn jetzt bist du auf einmal unwissend, jetzt weißt du nicht mehr, was tun und was nicht tun. Jetzt bist du dir plötzlich deiner selbst nicht mehr sicher, jetzt kannst du Fehler begehen oder dich verirren. Das ist die Angst, die die Leute an das Bekannte fesselt. Und wer an das Bekannte gefesselt ist, ist tot.

Das Leben kann man nur gefährlich leben – einen anderen Weg gibt es nicht. Nur im Wagnis gewinnt das Leben an Reife und Wachstum. Man muss ein Abenteurer sein, stets bereit, das Bekannte für das Unbekannte aufs Spiel zu setzen. Und wenn man einmal von den Freuden der Freiheit und der Furchtlosigkeit gekostet hat, dann wird man es nie bereuen, denn jetzt weiß man, was es heißt, aus dem Vollen zu leben. Man weiß, was es bedeutet, die Fackel seines Lebens an beiden Enden gleichzeitig anzuzünden. Und ein einziger Augenblick solcher Intensität ist befriedigender als eine ganze Ewigkeit mittelmäßigen Lebens.

Wenn das Neue an deine Tür klopft, öffne sie!

Das Neue ist dir noch fremd. Es kann ein Freund sein
oder auch ein Feind, wer weiß?
Niemand kann das sagen.
Du kannst es erst wissen, wenn du das Neue zulässt –
daher die Angst.

Das Neue kommt nicht aus dir, es kommt von jenseits. Es ist nicht Teil von dir. Deine ganze Vergangenheit steht auf dem Spiel. Das Neue hat keinen Zusammenhang mit dir, daher die Angst. Du hast auf eine bestimmte Art gelebt und gedacht, du hast dir aus deinen Überzeugungen ein komfortables Leben gezimmert. Da klopft auf einmal etwas Neues an deine Tür und dein ganzes altes System gerät durcheinander. Wenn du das Neue in dich hineinlässt, wirst du nicht mehr derselbe sein. Das Neue wird dich verwandeln.

Das ist riskant. Wer weiß, wo du mit dem Neuen enden wirst? Das Alte kennst du seit langem, es ist dir vertraut. Das Neue ist dir noch fremd. Es kann ein Freund sein oder auch ein Feind, wer weiß? Niemand kann das sagen. Du kannst es erst wissen, wenn du das Neue zulässt – daher die Angst.

Aber du kannst dich auch nicht länger dagegen wehren, denn das Alte hat dir noch nicht gegeben, wonach du suchst. Das Alte hat dir Hoffnungen gemacht, die sich nicht erfüllt haben. Es ist zwar vertraut, aber es macht dich nicht glücklich. Das Neue mag unbequem sein, doch möglicherweise bringt es dir die Seligkeit. Deshalb kannst du es weder zurückweisen noch kannst du es annehmen; also schwankst du, zitterst und zweifelst und bist voller Furcht. Das ist natürlich, daran ist nichts falsch. So ist es immer gewesen und so wird es immer bleiben.

Versuche zu verstehen, was geschieht, wenn das Neue auftaucht. Jeder Mensch strebt nach dem Neuen, weil niemand mit dem Alten zufrieden ist. Niemand kann je mit dem Alten zufrieden sein, denn egal, was es ist, du kennst es bereits in- und auswendig. Und wenn du es erst einmal kennst, ist alles nur noch Wiederholung, langweilig und monoton. Du willst das Alte also loswerden. Du möchtest auf Entdeckungsreise gehen, dich in ein Abenteuer stürzen. Du möchtest ein neuer Mensch werden – aber wenn das Neue an deine Tür klopft, schreckst du zurück, verweigerst dich und verbirgst dich hinter dem Alten. Das ist das Dilemma.

Wie werden wir neu? Jeder möchte neu werden. Doch dazu braucht es Mut, und zwar nicht nur ein bisschen Mut, sondern ganz außergewöhnlichen Mut. Und da die Welt voller Feiglinge ist, haben die Leute aufgehört zu wachsen. Wie kannst du wachsen, wenn du ein Feigling bist? Du schreckst ja vor jeder neuen Möglichkeit zurück, du verschließt die Augen davor. Wie kannst du da wachsen? Wie kannst du lebendig sein? Du kannst es nur vortäuschen.

Und weil du nicht wachsen kannst, musst du einen Ersatz finden. Du selbst kannst zwar nicht wachsen, aber dafür kann dein Bankkonto wachsen. Das ist der Ersatz. Dazu braucht es keinen Mut, das verträgt sich gut mit deiner Feigheit. Dein Bankkonto wächst immer mehr an und du denkst dann vielleicht, du selbst würdest wachsen. Glaubst du wirklich, wenn dein Ansehen, dein Name und dein Ruhm wachsen, du würdest wachsen? Da machst du dir etwas vor. Du bist weder dein Name noch dein Ruhm. Dein Bankkonto hat nichts mit deinem Sein zu tun. Doch wenn du an dein Sein denkst, wird dir ganz flau, denn um darin zu wachsen, musst du alle Feigheit über Bord werfen.

Wie werden wir also neu? Neu werden wir nicht aus uns selbst heraus. Das Neue kommt von jenseits oder von Gott, wenn du es so nennen willst. Das Neue kommt von der Existenz. Der Verstand ist immer alt. Der Verstand ist eine Ansammlung von Vergangenem. Das Neue kommt von jenseits, es ist ein Geschenk des Göttlichen. Es kommt von jenseits und es hat die Qualität des Jenseitigen.

Das Unbekannte, das Nicht-Erkennbare, das Jenseitige hat einen Zugang zu dir. Es kann dich erreichen, weil du niemals abgeschlossen und isoliert bist. Du bist keine Insel. Du magst das Jenseitige vergessen haben, aber das Jenseitige hat dich nicht vergessen. Das Kind mag die Mutter vergessen haben, aber die Mutter nicht das Kind. Der Teil mag denken: »Ich bin getrennt«, aber das Ganze weiß, dass du nicht getrennt bist. Das Ganze findet immer einen Zugang zu dir. Es ist immer noch mit dir verbunden. Deshalb kommt das Neue immer wieder auf dich zu, selbst wenn du es nicht willkommen heißt. Es kommt jeden Morgen und jeden Abend auf tausenderlei Art. Wenn du einen Blick dafür hast, dann wirst du sehen, wie es ständig auf dich zukommt.

Die Existenz überschüttet dich unablässig damit, doch du hast dich in deine Vergangenheit eingekapselt und lebst beinahe wie in einem Grab. Du bist gefühllos geworden.

Aus lauter Feigheit hast du deine Sensibilität verloren. Sensibel sein heißt, dass man das Neue und seinen Reiz spüren kann. Dann erwacht die Sehnsucht nach dem Neuen und dem Abenteuer und du wirst ins Unbekannte aufbrechen, ohne zu wissen, wohin du gehst.

Der Verstand hält das für verrückt. Er denkt, es sei unvernünftig, das Alte aufzugeben. Aber Gott ist immer neu. Deshalb kann man von Gott nicht in der Vergangenheit oder in der Zukunft sprechen. Wir können nicht sagen: »Gott war«, und auch nicht: »Gott wird sein«. Wir können von ihm nur in der Gegenwart sprechen: »Gott ist.« Er ist immer frisch und unberührt. Und er findet dich.

Du bist keine Insel. Du magst das Jenseitige vergessen haben, aber das Jenseitige hat dich nicht vergessen. Das Kind mag die Mutter vergessen haben, aber die Mutter nicht das Kind. Der Teil mag denken: »Ich bin getrennt«, aber das Ganze weiß, dass du nicht getrennt bist.

Denke daran: Alles Neue, das in dein Leben kommt, ist eine Botschaft des Göttlichen. Wenn du es annimmst, bist du religiös. Wenn du es ablehnst, bist du unreligiös. Wir müssen uns nur ein wenig mehr entspannen, um das Neue annehmen zu können; wir müssen uns ein wenig mehr öffnen und das Neue hereinlassen. Mach auf, damit das Göttliche eintreten kann!

Das ist die eigentliche Bedeutung von Gebet oder Meditation: sich zu öffnen, Ja zu sagen. Du sagst: »Komm herein. Ich warte schon so lange. Wie schön, dass du gekommen bist!« Empfange das Neue immer mit großer Freude. Auch wenn es manchmal unbequem ist, ist es die Sache wert. Auch wenn du manchmal in Schwierigkeiten gerätst oder irgendwo im Graben landest – das ist es wert, denn nur durch Fehler kann man lernen und nur durch Schwierigkeiten wächst man. Das Neue wird es dir nicht einfach machen. Deshalb wählst du meistens das Alte – weil es keine Schwierigkeiten macht, weil es tröstlich ist und Schutz verspricht.

Doch nur das Neue kann dich transformieren, und nur, wenn du es mit ganzer Seele akzeptierst. Du kannst das Neue nicht in dein Leben bringen; das Neue kommt von selbst. Du kannst es nur annehmen oder abweisen. Wenn du es abweist, bleibst du ein Stein, tot und verschlossen. Wenn du es in dich aufnimmst, wirst du eine Blume und beginnst dich zu öffnen. Und dieses Sich-Öffnen ist ein Fest.

Du kannst das Neue nicht in dein Leben bringen; das Neue kommt von selbst. Du kannst es nur annehmen oder abweisen.

Nur das Neue kann dich transformieren, einen anderen Weg der Transformation gibt es nicht. Aber denke daran, dass es nichts mit dir und deinen Anstrengungen zu tun hat. Was nicht etwa heisst, dass du jetzt gar nichts mehr tun sollst, sondern dass du ohne einen Impuls aus deiner Vergangenheit handelst und dich nicht von ihr leiten lässt. Die Suche nach dem Neuen kann keine gewöhnliche Suche sein – es geht ja um das Neue. Wie kannst du danach suchen? Du kennst es ja gar nicht, du bist ihm noch nie begegnet. Die Suche nach dem Neuen ist eine Entdeckungsreise mit völlig offenem Ausgang. Du weißt nichts darüber. Du musst sie ohne Wissen antreten, du musst unschuldig wie ein Kind an sie herangehen, voller Begeisterung über die Möglichkeiten, die sich daraus ergeben können – und diese können unendlich sein.

Du kannst nichts tun, um das Neue zu erschaffen, denn was immer du tust, wird den Charakter des Alten und den Geschmack der Vergangenheit in sich tragen. Aber das bedeutet nicht, dass du aufhören sollst zu handeln. Es geht vielmehr um ein Handeln, das nicht von einem Willen, einer Ausrichtung oder einem Impuls aus deiner Vergangenheit beherrscht ist. Ein solches Handeln ist meditatives Handeln. Handle spontan! Lass den Augenblick entscheiden. Dränge ihm nicht deine Entscheidung auf, denn diese Entscheidung entstammt der Vergangenheit und wird das Neue zerstören. Handle einfach wie ein Kind aus dem Augenblick heraus. Verliere dich ganz und gar im Augenblick. Dann öffnest du dich jeden Tag aufs Neue, dann schenkt dir jeder Tag neues Licht, neue Einblicke. Und diese neuen Einblicke werden dich verändern. Eines Tages wirst du auf einmal merken, dass du jeden Augenblick neu bist. Es wird dir nichts Altes mehr anhaften, nichts Altes wird mehr wie eine Wolke über dir hängen. Du bist wie ein Tautropfen, frisch und jung.

Das ist die wirkliche Bedeutung von Auferstehung. Wenn du das verstanden hast, wirst du frei sein von der psychologischen Erinnerung. Erinnerung ist etwas Totes. Erinnerung kann niemals Wahrheit sein, denn die Wahrheit ist immer lebendig, die Wahrheit ist Leben. Erinnerung ist das Fortdauern dessen, was nicht mehr ist. Sie bedeutet ein Leben in einer Geisterwelt. Doch sie umschließt uns, sie ist unser Gefängnis. Die Erinnerung erzeugt diesen Knoten, dieses Gebilde, das ›Ich‹ oder ›Ego‹ genannt wird. Und dieses unechte Gebilde, das wir ›Ich‹ nennen, hat natürlich ständig Angst vor dem Tod. Deshalb hast du Angst vor dem Neuen.

Es ist das ›Ich‹, das Angst hat, nicht wirklich du. Das Sein kennt keine Angst. Nur das Ego hat Angst, es hat sehr, sehr große Angst vor dem Tod. Es ist künstlich, es ist willkürlich, es ist zusammengesetzt. Es kann jeden Augenblick auseinander fallen. Deshalb taucht Angst auf, sobald das Neue in Erscheinung tritt. Das Ego hat Angst, es könnte auseinander fallen. Irgendwie ist es ihm bis jetzt gelungen, sich zusammenzuhalten und nicht zu zersplittern, und nun kommt das Neue daher und wird möglicherweise alles zerschmettern. Deshalb kannst du das Neue nicht freudig annehmen, weil das Ego seinen eigenen Tod nicht freudig akzeptieren kann – wie sollte es auch?

Solange du nicht verstanden hast, dass du nicht das Ego bist, kannst du das Neue nicht willkommen heißen. Wenn du erst einmal erkannt hast, dass das Ego bloß aus deinen vergangenen Erinnerungen besteht, du selber jedoch nicht deine Erinnerungen bist, dass dein Erinnerungsvermögen nur ein Biocomputer ist, eine Maschine, ein nützlicher Mechanismus, du jedoch jenseits davon existierst ... Du bist Bewusstheit, nicht Erinnerung. Erinnerung ist ein Inhalt des Bewusstseins, du aber bist das Bewusstsein selbst.

Du siehst zum Beispiel jemanden auf der Straße. Du erinnerst dich an das Gesicht, aber der Name fällt dir nicht ein. Wenn du die Erinnerung wärst, dann solltest du dich auch an den Namen erinnern können. Aber du sagst: »Das Gesicht erkenne ich wieder, nur an den Namen kann ich mich nicht erinnern.« Dann fängst du an, in deinem Gedächtnis nachzugraben, suchst hier und dort, und auf einmal taucht der Name auf und du sagst: »Richtig! Das ist der Name.« Die Erinnerung besteht aus deinen Aufzeichnungen. Du bist derjenige, der in seinen Aufzeichnungen nachschaut. Du bist nicht die Erinnerung selbst.

Und es kommt auch oft vor, dass dir etwas nicht einfällt, selbst wenn du dich noch so angestrengt daran zu erinnern versuchst. Die Spannung, der Druck, den du auf dich ausübst, erlaubt dem Gedächtnis nicht, dir seine Informationen herauszugeben. Du versuchst andauernd, dich an einen Namen zu erinnern, aber er kommt dir nicht in den Sinn, obwohl er dir auf der Zunge liegt. Du weißt genau, dass du ihn kennst, und trotzdem fällt er dir nicht ein.

Wie merkwürdig! Wenn du die Erinnerung wärst, wer würde dich dann hindern und wie könnte etwas nicht da sein? Und wie könntest du dann sagen: »Ich kenne ihn, ich weiß seinen Namen und trotzdem fällt er mir nicht ein«? Du gibst dir alle Mühe, aber je mehr du dich anstrengst, desto schwieriger wird es. Schließlich hast du es satt und gehst in den Garten und während du die Rosen anschaust, ist er plötzlich da, ist er aufgetaucht.

Du bist nicht deine Erinnerung. Du bist Bewusstsein. Die Erinnerung ist nur der Inhalt. Doch die ganze Lebensenergie des Egos besteht aus Erinnerung. Die Erinnerung ist stets alt und hat Angst vor dem Neuen. Das Neue könnte ja alles in dir durcheinanderbringen, es könnte unverdaulich sein. Vielleicht bringt das Neue Ärger mit sich. Möglicherweise musst du alles hin und her rücken, musst dich neu arrangieren. Was für eine mühsame Angelegenheit!

Um neu zu werden, muss man die Identifikation mit dem Ego aufgeben. Wenn du nicht mehr mit deinem Ego identifiziert bist, dann ist dir völlig egal, ob das Ego lebt oder stirbt. Dann weißt du, dass es bereits tot ist, ganz gleich, ob es lebt oder stirbt. Es ist nur ein Mechanismus. Benutze ihn, aber lasse dich nicht von ihm benutzen. Das Ego hat ständig Angst zu sterben, weil es etwas Zufälliges ist. Es ist nicht aus dem Sein hervorgegangen. Es kann nicht aus dem Sein hervorgegangen sein, denn das Sein ist Leben, und wie könnte das Leben Angst vor dem Tod haben? Das Leben weiß nichts vom Tod. Das Ego entstammt dem Zufälligen, dem Künstlichen, dem Zusammengeflickten, dem Falschen, dem Unechten. Und das loszulassen, dieser Tod des Egos – genau das macht den Menschen lebendig. Als Ego zu sterben heisst, im Sein geboren zu werden.

Das Neue ist ein Bote des Göttlichen, das Neue ist eine Botschaft Gottes. Es ist ein Evangelium! Höre dem Neuen zu und folge ihm. Ich weiß, dass du Angst davor hast. Doch wenn du trotz deiner Angst dem Neuen folgst, wird dein Leben immer reicher und erfüllter werden und eines Tages wirst du all die Herrlichkeit, die in deinem Innern gefangen ist, befreien können.

Du bist nicht deine Erinnerung. Du bist Bewusstsein. Die Erinnerung ist nur der Inhalt. Doch die ganze Lebensenergie des Egos besteht aus Erinnerung.

Wir verpassen so vieles im Leben, nur weil es uns an Mut fehlt. In Wirklichkeit braucht man sich gar nicht großartig anzustrengen, um etwas zu leisten – wenn man Mut hat, beginnt einem alles zuzufallen, ohne dass man etwas anstreben muss. Zumindest in der inneren Welt ist das so.

Und in meinen Augen sind diejenigen am mutigsten, die glückselig sind. Sich elend zu fühlen ist sehr feige. Um sich elend zu fühlen, braucht man nichts zu tun. Jeder Feigling kann das, jeder Narr kann das. Jedermann kann sich mies fühlen. Aber wirklich glücklich zu sein erfordert viel Mut. Es fällt einem nicht einfach in den Schoß.

Gewöhnlich glauben wir genau das Gegenteil: »Was braucht es schon, um glücklich zu sein? Jeder möchte doch schließlich glücklich sein.« Diese Ansicht ist grundfalsch. Nur sehr selten möchte jemand glücklich sein, auch wenn alle das Gegenteil behaupten. Nur sehr selten ist jemand wirklich bereit, sich glücklich zu fühlen. Die Menschen haben so viel in ihr Elend investiert. Sie lieben es, unglücklich zu sein. Tatsächlich sind sie erst richtig glücklich, wenn sie unglücklich sind.

Zuerst müsst ihr euch über einige Dinge klar werden, sonst wird es sehr schwierig sein, aus der gewohnten Routine eures Elends auszubrechen. Erstens: Keiner hält euch dort fest. Ihr habt euch selbst dafür entschieden, im Gefängnis eures Elends zu bleiben. Niemand hält jemanden fest. Wenn jemand bereit ist, es zu verlassen, kann er das augenblicklich tun. Niemand anders ist verantwortlich. Wer sich unglücklich fühlt, ist selbst dafür verantwortlich. Aber keiner will diese Verantwortung übernehmen. Und genau damit hältst du dich im Elend gefangen. Du sagst dir: »Jemand anders macht mich unglücklich.«

Wenn dich ein anderer unglücklich macht, kannst du natürlich nichts dagegen ausrichten. Wenn du dich aber selbst unglücklich machst, so lässt sich etwas dagegen tun, und zwar auf der Stelle. Dann liegt es in deiner Hand, ob du glücklich oder unglücklich sein willst. Daher machen alle Menschen die anderen für ihr Elend verantwortlich – manchmal die Frau, manchmal den Mann, manchmal die Familie, die Erziehung, die Kindheit, die Mutter, den Vater … Manchmal muss die Gesellschaft herhalten, die Geschichte, das Schicksal oder Gott. Immer ist jemand anderes schuld. Die Namen ändern sich, doch der Trick bleibt derselbe.

Nur sehr selten möchte jemand glücklich sein, auch wenn alle das Gegenteil behaupten. Nur sehr selten ist jemand wirklich bereit, sich glücklich zu fühlen. Die Menschen haben so viel in ihr Elend investiert. Sie lieben es, unglücklich zu sein. Tatsächlich sind sie erst richtig glücklich, wenn sie unglücklich sind.

Ein Mensch wird erst richtig Mensch, wenn er die volle Verantwortung für sich übernimmt, wenn er sich für alles, was er ist, verantwortlich fühlt. Das ist die Grundvoraussetzung und erfordert am meisten Mut. Es ist sehr schwierig zu akzeptieren, denn man fragt sich sogleich: »Wenn ich selber verantwortlich bin, wieso erschaffe ich mir dann all das Elend?« Um das zu vermeiden, schieben wir die Verantwortung auf jemand anderen ab: »Was kann ich schon tun? Ich bin hilflos, ich bin ein Opfer. Ich werde von höheren Gewalten beherrscht und mal hierhin, mal dorthin geworfen. Ich kann nichts dagegen ausrichten. Ich kann höchstens darüber jammern, wie unglücklich ich bin. Und das ganze Gejammer macht mich nur noch unglücklicher.« Und weil sich alles verstärkt, je öfter du es wiederholst, wird dein Elend tiefer und tiefer und du versinkst immer mehr darin.

Niemand anderes, keine andere Macht tut etwas mit dir. Du allein bist es. Das ist die ganze Lehre vom Karma – du selber tust alles. ›Karma‹ bedeutet ›Tun‹. Du selbst hast es getan und du selbst kannst es wieder auflösen. Und es gibt keinen Grund zu warten und es aufzuschieben. Man braucht keine Zeit dafür – man kann ganz einfach hinausspringen.

Doch wir haben uns an unser Elend gewöhnt. Wir würden uns sehr einsam fühlen, wenn wir aufhören würden, unglücklich zu sein. Wir würden unseren treuesten Gefährten verlieren. Er ist unser Schatten geworden, er folgt uns auf Schritt und Tritt. Wenn sonst keiner da ist, ist wenigstens dein Elend bei dir. Du bist damit verheiratet. Und diese Ehe dauert schon sehr lange. Du bist seit vielen Leben mit dem Elend verheiratet.

Jetzt ist die Zeit für die Scheidung gekommen. Das nenne ich wirklichen Mut – dich von deinem Elend zu trennen und damit die älteste Gewohnheit im menschlichen Denken, deinen ältesten Gefährten zu verlieren.

Ein Mensch wird erst richtig Mensch, wenn er die volle Verantwortung für sich übernimmt, wenn er sich für alles, was er ist, verantwortlich fühlt. Das ist die Grundvoraussetzung und erfordert am meisten Mut.

Der Mut der Liebe

Angst ist nichts anderes als das Fehlen von Liebe.
Wende dich der Liebe zu und vergiss die Angst.
Wenn du wahrhaft liebst, verschwindet die Angst von selbst.

In tiefer Liebe gibt es keine Angst. Angst ist etwas Negatives, ein Mangelzustand. Das musst du zutiefst begreifen, um das Wesen der Angst verstehen zu können. Angst ist wie Dunkelheit. Sie existiert nur scheinbar. In Wirklichkeit ist Dunkelheit nur das Fehlen von Licht. Das Licht dagegen existiert. Wenn du das Licht ausschaltest, wird es dunkel.

Dunkelheit existiert nicht, man kann sie nicht ausschalten. Auch wenn du alles Mögliche versuchst, kannst du sie weder ein- noch ausschalten. Wenn du an der Dunkelheit etwas ändern möchtest, musst du dich mit dem Licht befassen, denn man kann sich nur auf etwas beziehen, was existiert. Schalte das Licht aus und es ist dunkel; schalte es ein und die Dunkelheit ist verschwunden – beide Male machst du etwas mit dem Licht. Die Dunkelheit selbst kannst du nicht beeinflussen.

Angst ist Dunkelheit. Sie ist Abwesenheit von Liebe. Du kannst nichts dagegen tun. Im Gegenteil, je mehr du dagegen zu tun versuchst, umso ängstlicher wirst du, weil du merkst, wie unmöglich es ist. Das Problem wird dadurch nur noch größer. Wenn du mit der Dunkelheit kämpfst, wirst du unterliegen. Selbst wenn du mit dem Schwert auf sie losgehst, bist du am Ende bloß erschöpft. Und schließlich glaubt dein Verstand: »Die Dunkelheit ist so mächtig, dass sie mich besiegt hat.«

Aber das ist ein Trugschluss. Es klingt zwar logisch: Wenn du mit der Dunkelheit kämpfst und sie nicht besiegen kannst, heißt das wohl, dass die Dunkelheit sehr mächtig ist und du hilflos bist. Doch es verhält sich genau umgekehrt: Nicht du bist machtlos, sondern die Dunkelheit ist machtlos. In Wirklichkeit gibt es die Dunkelheit gar nicht, deshalb konntest du sie nicht besiegen. Wie kannst du etwas vernichten, was nicht existiert?

Kämpfe nicht mit der Angst, sonst wirst du nur immer ängstlicher und eine neue Angst entsteht in dir: die Angst vor der Angst – und die ist sehr gefährlich. Die Angst ist ein Mangel und die Angst vor der Angst ist die Angst vor dem Mangel an Mangel. Das kann dich wahnsinnig machen! Angst ist nichts anderes als fehlende Liebe. Wende dich der Liebe zu und vergiss die Angst. Wenn du wirklich liebst, verschwindet die Angst von selbst. Wenn deine Liebe tief reicht, gibt es keine Angst.

Wann immer du jemanden geliebt hast, auch wenn es nur für einen Augenblick war – hattest du da Angst? In einer Beziehung, in der zwei Menschen sich lieben, und sei es auch nur für Augenblicke, in der sie sich in der Tiefe ihres Wesens begegnen und aufeinander eingestimmt sind – in solchen Augenblicken gibt es keine Angst. Genauso wie keine Dunkelheit mehr da ist, wenn das Licht angeht. Das Geheimnis heißt also: Liebe mehr!

Wenn du Angst in dir spürst, dann liebe mehr. Fasse dir ein Herz, sei mutig in der Liebe, sei verwegen: Liebe mehr und liebe bedingungslos, denn je mehr du liebst, desto geringer wird die Angst.

Und wenn ich Liebe sage, meine ich alle vier Stufen der Liebe, von Sex bis Samadhi.

Lass dich auf die Liebe ein. Wenn du eine tiefe sexuelle Liebesbeziehung hast, löst sich sehr viel Angst aus deinem Körper. Wenn dein Körper vor Angst zittert, ist es im Grunde die Angst vor Sex; du hattest noch keine tiefe sexuelle Beziehung. Dein Körper zittert, weil er sich unbehaglich und nicht wohl mit sich selbst fühlt.

Lass dich tief auf die Liebe ein – ein sexueller Orgasmus wird alle Angst aus deinem Körper vertreiben. Damit meine ich nicht, dass du mutig wirst, denn die Mutigen sind nichts anderes als Feiglinge, die auf dem Kopf stehen. Wenn ich sage, alle Angst wird verschwinden, meine ich damit, dass weder Feigheit noch Mut vorhanden sind, denn beides sind Aspekte der Angst.

Seht euch eure mutigen Leute einmal genau an, dann werdet ihr merken, dass sie innerlich sehr viel Angst haben. Sie haben sich bloß mit einem Panzer umgeben. Hinter dem Wagemut steht nicht Furchtlosigkeit, sondern eine gut geschützte, gut verteidigte, gut gewappnete Angst.

Wenn alle Angst verschwunden ist, wirst du furchtlos. Und ein furchtloser Mensch macht anderen niemals Angst und lässt auch umgekehrt nicht zu, dass jemand ihm Angst macht.

Ein intensiver sexueller Orgasmus gibt deinem Körper ein Gefühl von Zuhausesein. Im Körper stellt sich eine sehr tiefe Gesundheit ein, denn er fühlt sich ganz und erfüllt.

Der nächste Schritt ist Liebe zu anderen. Liebe die Menschen, und zwar bedingungslos. Mit irgendwelchen Bedingungen im Hinterkopf kannst du unmöglich lieben; diese Bedingungen werden zu Schranken. Und warum willst du dich mit Bedingungen belasten, wenn es so wunderbar ist zu lieben? Die Liebe verschafft ein tiefes Wohlgefühl! Liebe bedingungslos und verlange keine Gegenleistung. Wenn du erst einmal erlebt hast, dass deine Angst verschwindet, wenn du andere Menschen liebst, dann wirst du einfach lieben, weil es so viel Freude macht.

Normalerweise lieben die Menschen nur, wenn ihre Bedingungen erfüllt werden. Sie sagen: »Ich kann dich nur lieben, wenn du so und so bist.« Die Mutter sagt zu ihrem Kind: »Ich habe dich nur lieb, wenn du artig bist.« Die Ehefrau sagt zu ihrem Mann: »Du musst dich so und so verhalten, nur dann kann ich dich lieben.« Jeder stellt Bedingungen und dadurch verschwindet die Liebe.

Liebe ist ein unendlicher Himmel! Du kannst sie nicht einengen, ihr Bedingungen auferlegen und sie begrenzen. Wenn du frische Luft in dein Haus lässt und dann alle Fenster und Türen schließt, wird die Luft bald muffig. Liebe geht immer mit Freiheit einher. Doch du sperrst diese frische Luft in dein Haus ein und sie wird abgestanden und schal.

Damit tut sich die ganze Menschheit schon von jeher schwer. Wenn du dich verliebst, sieht alles wunderschön aus, weil du in diesem Moment keine Bedingungen stellst. Zwei Menschen nähern sich einander bedingungslos. Wenn sie sich eingerichtet haben und anfangen, einander für selbstverständlich zu nehmen, werden Bedingungen gestellt: »Du musst so und so sein, du musst dich so und so verhalten – erst dann kann ich dich lieben.« Als ob Liebe ein Kuhhandel wäre!

Wenn du nicht aus dem Überfluss deines Herzen liebst, machst du einen Handel daraus. Du willst den anderen zwingen, etwas für dich zu tun, bevor du ihn lieben kannst, andernfalls verleugnest du die Liebe. Damit benutzt du

Liebe als Strafe oder als Belohnung, aber du liebst nicht. Entweder versuchst du dem anderen deine Liebe vorzuenthalten oder du gewährst sie ihm, aber in beiden Fällen geht es nicht um die Liebe, sondern um etwas anderes.

Wenn du verheiratet bist, dann bringst du beispielsweise deiner Frau Geschenke mit. Das macht sie glücklich, sie umarmt und küsst dich. Aber wenn du ihr nichts mitbringst, dann ist ein Abstand da, dann umarmt sie dich nicht und hält sich von dir fern. Dabei vergesst ihr, dass ihr euch selbst ein Geschenk macht, wenn ihr liebt, nicht nur den anderen. Liebe hilft in erster Linie denen, die lieben, und erst in zweiter Linie denen, die geliebt werden.

Die Leute kommen zu mir und sagen: »Der Andere liebt mich nicht.« Niemand kommt und sagt: »Ich liebe den Anderen nicht.« Liebe ist zu einer Forderung geworden: »Der Andere muss mich lieben.« Vergiss den Anderen! Liebe ist so ein wunderbares Phänomen, dass du sie bereits genießen kannst, wenn du liebst.

Und je mehr du liebst, desto liebenswerter wirst du. Je weniger du liebst, je mehr du forderst, umso weniger liebenswert, umso verschlossener wirst du und umso mehr bleibst du an dein Ego gefesselt. Und du wirst dabei immer misstrauischer. Selbst wenn jemand auf dich zukommt und dich lieben will, bekommst du Angst, denn bei jeder Liebe besteht die Möglichkeit von Ablehnung, von Liebesentzug.

Der Gedanke, dass niemand dich liebt, wird zu einer fixen Idee. Wie will der andere dir das Gegenteil beweisen? Liebt er dich wirklich? Da ist sicher etwas faul. Will er dich vielleicht täuschen? Das muss ein gerissener Bursche sein. Doch das sind alles nur deine Projektionen. Du erlaubst niemandem, dich zu lieben, und liebst selbst auch niemanden. Dann entsteht Angst. Dann bist du allein auf der Welt, ganz allein, völlig einsam und isoliert.

Was also ist Angst? Angst ist ein Gefühl des fehlenden Kontakts mit der Existenz. Ja, so lässt sich Angst definieren: als ein Zustand fehlenden Kontakts mit der Existenz. Du bist allein gelassen – ein Kind, das allein zu Hause ist und schreit. Mutter, Vater, die ganze Familie ist ausgegangen. Das Kind weint und schreit in seiner Wiege, allein gelassen und ohne Kontakt. Da ist niemand, der es beschützt, niemand, der es tröstet, niemand, der es liebt. Ringsherum nur Einsamkeit, endlose Einsamkeit – das ist der Zustand von Angst.

Und dass ihr keine Liebe zulassen könnt, dafür ist eure Erziehung verantwortlich. Die Menschen sind in allem Möglichen geschult worden, nur nicht in der Liebe. Man hat euch das Töten beigebracht – es gibt Armeen, in denen man jahrelang im Töten ausgebildet wird. Man hat euch das Rechnen beigebracht – es gibt Schulen, Institute und Universitäten, die dich jahrelang im Rechnen trainieren, damit keiner dich betrügen kann, dafür aber du die anderen betrügen kannst. Doch nirgends gibt es eine Möglichkeit, wo du lieben lernst, und zwar in völliger Freiheit.

Dazu kommt, dass die Gesellschaft jeden deiner Versuche zu lieben verhindern möchte. Die Eltern wollen nicht, dass ihre Kinder sich verlieben. Kein Vater mag das, keine Mutter mag das. Im Grunde möchte kein Vater und keine Mutter, dass ihre Kinder sich verlieben, was immer sie auch vorgeben. Sie bevorzugen eine arrangierte Ehe.

Warum? Weil sich ein junger Mann von der Familie entfernt, sobald er sich in eine Frau oder ein Mädchen verliebt. Er gründet eine neue Familie – seine eigene. Und natürlich ist er dann gegen die alte Familie. Er ist rebellisch. Er sagt:

»Ich gehe jetzt fort und schaffe mir ein eigenes Zuhause!« Er wählt seine Frau selbst. Dabei haben Vater und Mutter nichts mehr zu suchen, sie bleiben völlig außen vor.

Also würden lieber die Eltern selbst das übernehmen: »Du kannst ein Zuhause gründen, aber es muss von uns geplant werden, damit wir auch ein Wort mitzureden haben. Und verliebe dich bloß nicht, denn wenn du dich verliebst, wird die Liebe dein Ein und Alles.« Bei einer arrangierten Ehe geht es nur um eine gesellschaftliche Angelegenheit, dein Ehepartner ist nicht dein Ein und Alles. Wo es arrangierte Ehen gibt, dort gibt es nach wie vor die Familie. Und wo es Liebesheiraten gibt, da verschwindet mehr und mehr die Familie.

Im Westen verschwindet die Familie immer mehr. Verstehst du jetzt, warum es arrangierte Ehen gibt? Sie sichern den Fortbestand der Familie. Dass du dabei zugrunde gehst, dass deine Liebesfähigkeit zerstört wird, ist unwichtig. Du musst dich für die Familie opfern. Bei einer arrangierten Heirat entsteht eine Großfamilie und es können hundert Menschen in einer Familie leben. Aber wenn ein Junge sich in ein Mädchen verliebt, dann sind sie eine Welt für sich. Sie möchten alleine leben, sie wollen ihre Privatsphäre. Sie wollen keine hundert Leute um sich herum haben – Onkel und Tanten, Cousinen und die Cousinen der Cousinen ... Sie wollen nicht in diesem ganzen Massenauflauf leben, sie möchten ihre eigene private Welt. Alles andere stört nur.

Die Familie ist gegen die Liebe. Du hast sicher gehört, die Familie sei der Ursprung der Liebe. Aber ich sage dir: Die Familie ist gegen die Liebe. Die Familie hat seit jeher davon gelebt, dass sie die Liebe zerstört. Sie hat die Liebe verhindert.

Die Gesellschaft lässt keine Liebe zu, denn wenn ein Mensch wirklich verliebt ist, kann man ihn nicht manipulieren. Man kann ihn nicht in den Krieg schicken, denn er wird sagen: »Ich bin hier so glücklich. Was soll ich dort? Und warum soll ich fremde Menschen töten, die vielleicht auch glücklich sind? Wir haben keinen Streit miteinander, keinen Interessenkonflikt ...«

Wenn sich die junge Generation immer mehr der Liebe zuwendet, werden Kriege verschwinden, weil es nicht genug Verrückte gibt, die in den Krieg ziehen wollen. Wenn du liebst, hast du einen Geschmack vom Leben bekommen. Du willst den Tod nicht, du willst keine Menschen töten. Wenn du nicht liebst, hast du nicht vom Leben gekostet, dann liebäugelst du mit dem Tod.

Angst ist ein Gefühl des fehlenden Kontakts mit der Existenz. Ja, so lässt sich Angst definieren: als ein Zustand fehlenden Kontakts mit der Existenz.

Angst tötet, sie will töten. Angst ist zerstörerisch. Liebe ist eine kreative Energie. Wenn du liebst, möchtest du etwas erschaffen – vielleicht ein Lied singen, ein Bild malen oder ein Gedicht schreiben. Aber du greifst nicht nach dem Gewehr oder nach der Atombombe und rennst wie ein Irrer los, um Menschen zu töten, die du überhaupt nicht kennst, die dir nichts getan haben, die dir ebenso unbekannt sind wie du ihnen.

Die Kriege werden erst dann von der Welt verschwinden, wenn die Liebe sich wieder ausbreitet. Die Politiker wollen nicht, dass du liebst, die Gesellschaft will nicht, dass du liebst, die Familie will nicht, dass du liebst. Sie alle wollen deine Liebesenergie kontrollieren, denn das ist die einzige Energiequelle, die es gibt. Und so ist die Angst entstanden.

Wenn du mich recht verstanden hast, dann lass alle Ängste los und liebe immer mehr, liebe bedingungslos. Denke nicht, dass du etwas für die anderen tust, wenn du liebst. Du tust etwas für dich selbst. Es ist eine Wohltat für dich, wenn du liebst. Warte also nicht ab, sage nicht: »Wenn andere mich lieben, werde ich auch Liebe geben« – darum geht es nicht.

Sei egoistisch! Liebe ist egoistisch. Andere Menschen zu lieben wird dir Erfüllung und mehr und mehr Segen bringen. Und wenn Liebe tief geht, verschwindet die Angst. Liebe ist Licht, Angst ist Dunkelheit.

Sei egoistisch! Liebe ist egoistisch. Andere Menschen zu lieben wird dir Erfüllung und mehr und mehr Segen bringen. Und wenn Liebe tief geht, verschwindet die Angst. Liebe ist Licht, Angst ist Dunkelheit.

Die dritte Stufe der Liebe ist das Gebet. Alle Kirchen, alle Religionen und organisierten Sekten lehren dich beten. Aber tatsächlich hindern sie dich dadurch am Beten, denn Beten ist etwas Spontanes, das man nicht lehren kann. Wenn man dir in deiner Kindheit ein Gebet beigebracht hat, dann hat man dich damit einer wunderbaren Erfahrung beraubt. Denn das Gebet taucht als spontanes Phänomen auf.

Ich muss euch eine Geschichte erzählen, die ich sehr gerne mag. Sie stammt von Leo Tolstoj:

Irgendwo im alten Russland gab es einen See, der wegen der drei Heiligen berühmt war, die dort auf einer Insel lebten. Im ganzen Land begann man sich für sie zu interessieren. Tausende von Leuten strömten herbei, um die drei Heiligen zu sehen.

Der Metropolit war sehr beunruhigt: Was ging da vor? Von diesen ›Heiligen‹ hatte er noch nie gehört, sie waren nicht von der Kirche beglaubigt. Wer hatte sie zu Heiligen ernannt? Das haben die christlichen Kirchen immer gemacht – eins der dümmsten Dinge im Christentum –, sie haben Zertifikate vergeben: »Dieser Mann ist ein Heiliger.« Als ob du jemanden zu einem Heiligen machen könntest, indem du es ihm bescheinigst!

Aber die Leute waren so begeistert und es wurde so viel von Wundern berichtet, die geschehen waren, dass der Metropolit hinfuhr, um die Situation selbst in Augenschein zu nehmen. Er fuhr mit einem Boot zu der Insel hinüber, auf der die drei Männer lebten. Sie waren arme Leute, aber sehr glücklich, denn die einzig wirkliche Armut ist die Armut eines Herzens, das nicht lieben kann. Sie waren arm und reich zugleich – die reichsten Leute weit und breit.

Die drei saßen unter einem Baum und lachten und waren glücklich. Als sie den Metropoliten kommen sahen, verneigten sie sich vor ihm. Er fragte sie: »Was macht ihr hier? Man hört Gerüchte, dass ihr große Heilige seid. Wisst ihr denn überhaupt, wie man betet?« Beim Anblick dieser drei Männer war ihm sofort klar geworden, dass sie ungebildet und ein bisschen zurückgeblieben waren – glücklich, aber dumm.

Sie schauten einander an und sagten: »Es tut uns Leid, Herr, aber das richtige und von der Kirche genehmigte Gebet kennen wir nicht, denn wir sind ungebildet. Aber wir haben unser eigenes Gebet – wir haben es selbst verfasst. Wenn du es uns nicht übel nimmst, sagen wir es dir gerne auf.«

Der Priester antwortete: »Ja, lasst mich hören, was ihr betet.« Und sie sagten: »Wir haben alles Mögliche ausprobiert und viel darüber nachgedacht. Aber wir sind keine großen Denker. Wir sind simple Leute, wir sind nur unwissende Dörfler. Deshalb haben wir uns für ein einfaches Gebet entschieden. Die Kirche sagt, Gott ist eine Dreifaltigkeit: Gott der Vater, der Sohn und der Heilige Geist. Und wir sind auch drei. Also beten wir: ›Du bist drei, wir sind drei. Erbarme dich unser.‹ Das ist unser Gebet: ›Wir sind drei, du bist auch drei. Erbarme dich unser.‹«

Der Metropolit war sehr aufgebracht. Fast wütend sagte er: »Was für ein Unsinn! So ein Gebet gibt es überhaupt nicht. Lasst das gefälligst bleiben! So wird man nicht zu Heiligen. Ihr seid einfach nur dumm.« Da fielen sie ihm zu Füßen und baten: »Bitte bringe uns das richtige, das wahre Gebet bei.«

Also sprach er ihnen das richtige Gebet vor, das von der russisch-orthodoxen Kirche genehmigte Gebet. Es war lang und kompliziert – große bombastische Worte. Die drei Männer sahen einander an. Unmöglich! Der Weg zum Himmel schien ihnen verschlossen. Sie sagten: »Bitte sag es uns noch einmal auf, weil es so lang ist und wir ungebildet sind.« Also wiederholte er es, aber sie baten: »Noch einmal, Herr, sonst vergessen wir es bestimmt und machen Fehler.« Also sagte er es noch ein drittes Mal. Da dankten sie ihm von Herzen und er war sehr zufrieden mit sich: Drei Dummköpfe waren in den Schoß der Kirche zurückgekehrt.

Der Metropolit ruderte in seinem Boot davon. Doch plötzlich, als er schon mitten auf dem See war … Er traute er seinen Augen nicht: Die drei Männer, diese drei Narren, kamen übers Wasser gelaufen! Sie riefen: »Warte! Nur noch einmal. Wir haben es schon wieder vergessen.«

Es war unfassbar! Der Metropolit fiel vor ihnen nieder und sagte: »Vergebt mir. Bleibt nur bei eurem Gebet!«

Die dritte Liebesenergie ist das Gebet. Die Religionen, die organisierten Kirchen, haben es zerstört. Sie haben euch fertige Gebete geliefert. Aber Gebet ist ein spontaner Gefühlsausdruck. Denke an diese Geschichte, wenn du betest. Lass dein Gebet etwas Spontanes sein. Wenn nicht einmal dein Gebet spontan sein kann, was denn sonst? Wenn du selbst für Gott nur vorfabrizierte Worte hast, wo willst du dann authentisch, wahr und natürlich sein?

Sage ihm alles, was du sagen möchtest. Sprich mit Gott, wie du mit einem weisen Freund sprechen würdest, und lasse alle Förmlichkeiten. Eine formelle Beziehung ist überhaupt keine Beziehung. Selbst mit Gott bist du formell geworden? Dir fehlt jede Spontaneität!

Bringe Liebe in dein Gebet. Dann kannst du sprechen! Beten ist etwas sehr Schönes, es ist ein Dialog mit dem Universum.

Aber ist dir schon aufgefallen, dass die Leute denken, du wärst verrückt, wenn du wirklich spontan bist? Wenn du zu einem Baum gehst und anfängst, mit ihm zu reden, oder zu einer Blume, zu einer Rose, dann denken die Leute, du seist verrückt. Doch wenn du in die Kirche gehst und zum Kreuz oder zu einem Heiligenbild sprichst, hält dich niemand für verrückt. Alle werden denken, du bist religiös. Du sprichst zu einem Stein, der im Tempel steht, und jeder hält dich für religiös, denn das ist die autorisierte Art und Weise, wie man betet.

Wenn du mit einer Rose sprichst, die lebendiger und göttlicher ist als jedes steinerne Bildnis, oder mit einem Baum, der tiefer in Gott verwurzelt ist als jedes Kreuz … Kein Kreuz hat Wurzeln, es ist ein toter Gegenstand, deshalb tötet es. Ein Baum ist lebendig. Seine Wurzeln reichen tief in die Erde, seine Zweige reichen hoch in den Himmel, er ist mit dem Ganzen verbunden, mit den Sonnenstrahlen, mit den Sternen. Rede mit den Bäumen! Sie können ein Verbindungsglied zum Göttlichen sein.

Aber wenn du mit ihnen sprichst, halten dich die Leute für verrückt. Spontaneität wird für verrückt gehalten. Formalität hält man für etwas Gesundes. In Wirklichkeit ist es genau umgekehrt. Wenn du in einen Tempel gehst und ein auswendig gelerntes Gebet plapperst, bist du einfach nur dumm. Sprich von Herz zu Herz! Beten ist etwas sehr Schönes und du kannst dadurch wirklich aufblühen.

Beten ist verliebt sein, verliebt sein ins Ganze. Und manchmal bist du auch wütend auf das Ganze und magst nicht mit ihm reden. Sehr gut! Du sagst: »Ich sage nichts mehr. Es reicht jetzt. Du hast mir nicht zugehört!« Eine wunderbare Geste, sehr lebendig! Und manchmal hörst du sogar ganz auf zu beten, weil Gott dir einfach nicht zuhören will. Es ist eine Beziehung, an der du tiefen inneren Anteil nimmst und in der du zuweilen auch wütend wirst. Manchmal fühlst du dich sehr gut, voller Dankbarkeit, und manchmal bist du eben sauer. Aber das Wichtigste ist, diese Beziehung lebendig zu halten. Dann ist dein Gebet wahr. Wenn du nur wie eine Schallplatte jeden Tag das Gleiche herunterleierst, ist es kein Gebet.

Ich habe von einem Rechtsanwalt gehört, einem sehr berechnenden Mann. Jede Nacht, wenn er zu Bett geht, schaut er zum Himmel hoch und sagt: »Dito – das Gleiche wie immer«, und legt sich schlafen. Er hat nur einmal gebetet, das allererste Mal, und danach kam nur noch ›dito‹. Das ist für ihn eine völlig legale Angelegenheit. Was hat es für einen Sinn, immer wieder das gleiche Gebet herzusagen?

Ob du dito sagst oder immer alles wiederholst, läuft auf das Gleiche hinaus.

Gebet sollte eine lebendige Erfahrung sein, ein Dialog des Herzens. Und wenn es von Herzen kommt, wirst du bald merken, dass du nicht nur sprichst, sondern auch eine Antwort bekommst. Dann ist dein Gebet vollständig geworden, reif geworden. Wenn du die Antwort spürst, ist aus dem Monolog ein Dialog geworden. Du sprichst nicht nur, sondern du hörst auch zu.

Und ich sage dir: Die ganze Existenz will dir antworten. Wenn dein Herz offen ist, antwortet dir das Ganze.

Gebet ist etwas Unvergleichliches. Keine Liebe kann so schön sein wie Gebet. Genau wie Sex niemals so schön sein kann wie Liebe, so kann Liebe niemals so schön sein wie Gebet.

Doch es gibt noch eine vierte Stufe. Ich nenne sie Meditation. Dabei hört auch der Dialog auf. Dann führst du einen Dialog in Stille. Alle Worte verschwinden, denn wenn das Herz wirklich erfüllt ist, fehlen dir die Worte. Wenn das Herz überfließt, kann nur Stille sprechen. Dann gibt es keinen ›Anderen‹. Du bist eins mit dem Universum. Du sprichst weder noch hörst du zu. Du bist mit dem Einen, mit dem Universum, mit dem Ganzen. Dieses Einssein ist Meditation.

Diese vier Stufen von Liebe gibt es, und auf jeder Stufe verschwindet Angst. Bei einer schönen sexuellen Erfahrung verschwindet die körperliche Angst. Der Körper ist nicht mehr neurotisch. Normalerweise – und das konnte ich an Tausenden von Körpern beobachten – habt ihr neurotische, verkorkste Körper, unbefriedigt und nicht in sich zu Hause.

In der Liebe verschwindet die Angst des Verstands. Du wirst dich frei, entspannt und geborgen fühlen. Es wird keine Angst, keine Albträume mehr geben.

Im Gebet verschwindet die Angst vollständig, denn im Gebet wirst du eins, du spürst eine tiefe Verbundenheit mit dem Ganzen. Jetzt verschwindet die seelische Angst. Mit dem Beten verschwindet die Angst vor dem Tod, niemals vorher.

Und wenn du meditierst, verschwindet sogar die Angstlosigkeit. Angst und Angstlosigkeit verschwinden. Nichts bleibt. Oder nur das Nichts bleibt – eine grenzenlose Reinheit, Unberührtheit und Unschuld.

Keine Beziehung, sondern ein Seinszustand

Liebe ist keine Beziehung. Liebe ist ein Seinszustand. Sie hat nichts mit irgendeinem anderen Menschen zu tun. Man ist nicht verliebt, man ist Liebe. Und wenn man Liebe ist, ist man natürlich verliebt – aber das ist eine Folge, eine Begleiterscheinung und nicht die Ursache. Die Ursache ist, dass man Liebe ist.

Und wer kann Liebe sein? Eins ist sicher: Wenn du dir nicht bewusst bist, wer du bist, kannst du nicht Liebe sein. Dann wirst du Angst sein. Angst ist das Gegenteil von Liebe. Seid euch bewusst: Es ist nicht der Hass, wie die Leute meinen, der das Gegenteil von Liebe ist. Hass ist Liebe, die auf dem Kopf steht, er ist nicht das Gegenteil von Liebe. Das wirkliche Gegenteil von Liebe ist Angst. Durch Liebe dehnt man sich aus, durch Angst schrumpft man. Durch Angst verschließt man sich, durch Liebe öffnet man sich. In der Angst zweifelt man, in der Liebe vertraut man. In der Angst ist man allein gelassen, in der Liebe löst man sich auf. Daher kennt die Liebe keine Einsamkeit. Wenn man nicht ist, wie kann man da einsam sein? Dann sind die Bäume, die Vögel und die Wolken, die Sonne und die Sterne alle in dir. Liebe ist, wenn du deinen inneren Himmel erfahren hast.

Ein kleines Kind ist frei von Angst; Kinder werden ohne jede Angst geboren. Wenn die Gesellschaft ihnen dabei helfen kann, angstfrei zu bleiben, ihnen hilft, auf Bäume und Berge zu klettern, in Meeren und Flüssen zu schwimmen – wenn die Gesellschaft sie auf jede erdenkliche Art dabei unterstützt, Abenteurer zu werden, Abenteurer des Unbekannten, wenn die Gesellschaft das Bedürfnis in ihnen wecken kann, sich auf die Suche zu machen, anstatt ihnen tote Glaubenssätze zu geben, dann werden die Kinder zu großen Liebenden, zu Menschen, die das Leben lieben. Und das ist wahre Religion. Es gibt keine höhere Religion als die Liebe.

Meditiere, tanze, singe und gehe tiefer und tiefer in dich hinein. Höre den Vögeln aufmerksamer zu. Schau die Blumen voller Ehrfurcht und Staunen an. Werde nicht gelehrt, etikettiere die Dinge nicht. Denn das ist alles, was Gelehrsamkeit ist: die Kunst, alles mit Aufschriften zu versehen, alles zu kategorisieren. Begegne anderen Menschen. Sei mit Menschen zusammen, mit so vielen wie möglich, denn in jedem Menschen kommt eine andere Facette des Göttlichen zum Ausdruck. Lerne von Menschen. Keine Angst, diese Existenz ist nicht dein Feind! Diese Existenz bemuttert dich, diese Existenz ist bereit, dich auf jede erdenkliche Art zu unterstützen. Vertraue, und du wirst spüren, wie eine neue Energie in dir aufsteigt. Diese Energie ist Liebe. Und sie möchte die ganze Existenz segnen, denn in dieser Energie fühlt man sich gesegnet. Und wenn du dich gesegnet fühlst, was kannst du da anderes tun, als die ganze Existenz zu segnen?

Liebe ist ein tiefes Verlangen, die ganze Existenz zu segnen.

Das wirkliche Gegenteil von Liebe ist Angst. Durch Liebe dehnt man sich aus, durch Angst schrumpft man. Durch Angst verschließt man sich, durch Liebe öffnet man sich. In der Angst zweifelt man, in der Liebe vertraut man.

Dieser Kuchen ist köstlich!

Liebe ist sehr selten. Um einem Menschen in seinem Zentrum zu begegnen, musst du selbst durch eine innere Revolution gehen. Denn wenn du jemandem in seinem Zentrum begegnen möchtest, musst du ihm erlauben, auch dein Zentrum zu berühren. Du musst verletzlich werden, sehr verletzlich, absolut verletzlich und offen. Das ist riskant. Jemand in dein Zentrum hineinzulassen ist ein Risiko. Du weißt nie, was der andere mit dir macht, wenn du einmal alle deine Geheimnisse preisgegeben hast, wenn deine verborgenen Seiten ans Licht gekommen sind, wenn du dich völlig bloßgestellt hast – du weißt nie, was der andere damit macht. Wir haben Angst davor, deshalb bleiben wir verschlossen.

Wir haben Bekanntschaften und glauben, es sei Liebe. Die Oberflächen treffen sich und wir meinen, dass wir uns getroffen haben. Aber ihr seid nicht eure Oberfläche. Die Oberfläche ist eure äußere Grenze, sie ist nur der Zaun um euch herum. Das seid nicht ihr. Die Oberfläche ist die Stelle, wo ihr aufhört und die Welt anfängt.

Selbst Ehepartner, die seit vielen Jahre zusammenleben, können unter Umständen nur Bekannte sein. Sie haben sich vielleicht noch gar nicht richtig kennen gelernt. Und je länger man mit jemandem zusammenlebt, desto mehr vergisst man, dass das Zentrum unbekannt geblieben ist.

Als Erstes muss man also wissen, dass eine Bekanntschaft nicht mit Liebe zu verwechseln ist. Ihr habt vielleicht eine sexuelle Beziehung, ihr schlaft miteinander, aber auch Sex ist bloß etwas Oberflächliches. Solange die beiden Zentren sich nicht begegnen, ist Sex nur die Begegnung von zwei Körpern. Und wenn sich nur eure Körper begegnen, ist es nicht *eure* Begegnung. Sex bleibt dann nur eine Bekanntschaft – körperlich zwar, aber trotzdem nur eine Bekanntschaft.

Du kannst jemanden nur in dein Zentrum lassen, wenn du keine Angst hast. Darum sage ich euch, es gibt zwei Arten zu leben: Die eine orientiert sich an der Angst und die andere an der Liebe.

Eine angstorientierte Lebensweise kann dir niemals eine tiefe Beziehung ermöglichen. Du bleibst immer ängstlich und kannst den Anderen nicht wirklich nahe kommen lassen, ihn nicht zu deinem tiefsten Innern vordringen lassen. Du lässt den Anderen nur bis zu einem gewissen Punkt an dich heran, doch dann kommt eine Mauer, die ihn aufhält.

Ein Mensch, der sich an der Liebe orientiert, hat keine Angst vor der Zukunft, er fürchtet sich nicht vor irgendwelchen Ergebnissen und Konsequenzen. Er lebt im Hier und Jetzt. Kümmere dich nicht um die Konsequenzen! Das ist nur dein ängstlicher Verstand. Denke nicht an das, was geschehen könnte; bleibe einfach in der Gegenwart und handle und sei total dabei. Kalkuliere nichts. Ein angstorientierter Mensch macht immer Pläne, kalkuliert und arrangiert, sichert sich ab und vergeudet damit sein ganzes Leben.

Ich habe einmal von einem alten Zen-Mönch gehört, der auf seinem Sterbebett lag. Sein letzter Tag war gekommen und er erklärte seinen Schülern, dass er an diesem Abend sterben würde. Alle seine Anhänger, Schüler und Freunde fanden sich ein. Er wurde von vielen geliebt und sie alle kamen. Von fern und nah versammelten sich die Leute.

Als einer seiner alten Schüler hörte, dass sein Meister sterben würde, rannte er los zum Markt. Jemand fragte ihn: »Warum gehst du auf den Marktplatz, wenn der Meister in seiner Hütte liegt und stirbt?« Der alte Schüler erwiderte: »Ich weiß, dass mein Meister einen speziellen Kuchen besonders gern mag, und ich will hingehen und ihm diesen Kuchen kaufen.«

Es war nicht leicht, den Kuchen zu finden, weil er schon lange aus der Mode gekommen war, aber gegen Abend trieb er ihn schließlich doch noch auf. Er rannte mit dem Kuchen zur Hütte.

Alle hatten sich schon Sorgen gemacht. Der Meister schien auf jemanden zu warten. Er machte immer wieder die Augen auf, schaute sich um und schloss sie wieder. Und dann kam der Schüler. Der Meister sagte: »Ah, da bist du ja! Wo ist der Kuchen?« Der Schüler holte den Kuchen hervor. Er war so glücklich, dass der Meister danach gefragt hatte.

Sterbend nahm der Meister den Kuchen in seine Hand. Sie zitterte nicht. Er war schon sehr alt, aber seine Hand zitterte nicht. Jemand fragte: »Du bist schon so alt und stehst an der Schwelle des Todes. Bald ist der letzte Atemzug getan, aber deine Hand zittert gar nicht ...«

Der Meister sagte: »Ich zittere nie, weil ich keine Angst habe. Mein Körper ist alt geworden, aber ich bin noch immer jung und werde jung bleiben, selbst wenn der Körper gestorben ist.«

Dann biss er in den Kuchen und begann ihn zu verspeisen. Schließlich fragte jemand: »Meister, was ist deine letzte Botschaft? Du wirst uns bald verlassen. Was sollen wir nicht vergessen?«

Der Meister lächelte und sagte: »Ah, dieser Kuchen ist köstlich!«

Das ist ein Mensch, der im Hier und Jetzt lebt. »Ah, dieser Kuchen ist köstlich!« Selbst der Tod spielt keine Rolle. Der nächste Moment ist ohne Bedeutung. In diesem Augenblick ist der Kuchen köstlich. Wenn ihr im Augenblick, in diesem Moment, in dieser Gegenwart, in dieser Fülle leben könnt – nur dann könnt ihr lieben.

Die Liebe erblüht nur ganz selten. Es geschieht nur hin und wieder einmal. Millionen von Menschen leben in der irrigen Annahme, dass sie lieben. Sie glauben zu lieben, aber das ist nur ein Glaube. Liebe erblüht nur ganz selten. Ab und zu geschieht es einmal. Es ist so selten, weil sie erst erblühen kann, wenn keine Angst mehr da ist – nicht vorher. Das bedeutet, dass Liebe nur einem zutiefst spirituellen, religiösen Menschen widerfahren kann. Sex kann jeder haben. Bekanntschaft ist für alle möglich. Aber Liebe nicht.

Wenn du keine Angst hast, gibt es nichts zu verbergen. Dann kannst du offen sein, dann kannst du alle Abgrenzungen aufheben, dann kannst du den Anderen einladen, dir in deinem innersten Kern zu begegnen. Und wenn du jemandem erlaubst, tief in dich einzudringen, wird der andere auch dich tief in sich hineinlassen. Denn wenn du dich öffnest, entsteht Vertrauen. Wenn du selbst keine Angst hast, verliert auch der andere seine Furcht.

Bei eurer Liebe ist immer Angst mit im Spiel. Der Mann hat Angst vor seiner Frau, die Frau hat Angst vor ihrem Mann. Liebende haben immer Angst. Doch dann ist es keine Liebe, dann ist es nur ein Abkommen zwischen zwei ängstlichen Menschen, die voneinander abhängig sind, miteinander kämpfen und sich gegenseitig ausnutzen, die einander manipulieren, dominieren, kontrollieren und in Besitz nehmen. Das ist alles andere als Liebe.

Wenn ihr Liebe zulassen könnt, dann ist es nicht nötig zu beten oder zu meditieren, dann braucht ihr keine Kirche und keinen Tempel. Ihr könnt Gott völlig vergessen, wenn ihr lieben könnt. Denn durch Liebe folgt alles andere von selbst: Meditation, Gebet und Gott. All das wird euch zufallen. Das meint Jesus, wenn er sagt: »Liebe ist Gott.«

Aber Liebe ist schwierig. Erst muss die Angst verschwinden. Und das Merkwürdige daran ist, dass ihr so viel Angst habt – und doch habt ihr gar nichts zu verlieren.

Der Mystiker Kabir sagte irgendwann einmal: »Ich sehe das Innere der Menschen ... sie haben so viel Angst, aber ich verstehe nicht, warum – sie haben doch nichts zu verlieren. Sie sind wie jemand, der nackt ist und nicht wagt, im Fluss zu baden, aus Angst, seine Kleider könnten nicht trocken werden.« Genauso ist es bei euch: Ihr seid nackt und habt doch ständig Angst, eure Kleider zu verlieren.

Was habt ihr zu verlieren? Nichts! Dieser Körper wird euch vom Tod genommen. Bevor der Tod ihn nimmt, schenkt ihn der Liebe. Alles, was ihr besitzt, wird euch irgendwann genommen. Warum es nicht vorher mit anderen teilen? Das ist der einzige Weg, etwas zu besitzen. Wenn ihr teilen und geben könnt, seid ihr Meister. Es wird euch sowieso alles genommen. Ihr könnt nichts ewig behalten, der Tod wird alles zerstören.

Dieser Körper wird euch vom Tod genommen. Bevor der Tod ihn nimmt, schenkt ihn der Liebe. Alles, was ihr besitzt, wird euch irgendwann genommen. Warum es nicht vorher mit anderen teilen?

Wenn ihr meiner Argumentation bis hierher gefolgt seid, seht ihr also, dass es ein Kampf zwischen dem Tod und der Liebe ist. Wenn ihr geben könnt, gibt es keinen Tod. Bevor euch irgend etwas genommen werden kann, habt ihr es schon weggegeben. Ihr habt ein Geschenk daraus gemacht. Dann kann es keinen Tod geben.

Für Liebende gibt es keinen Tod. Wer nicht liebt, für den ist jeder Augenblick ein Tod, denn ihm wird immerzu etwas entrissen. Der Körper verfällt – jeden Augenblick verlierst du ein Stückchen mehr. Und irgendwann wird der Tod kommen und alles zerstören.

Wozu also diese Angst? Wovor fürchtest du dich so sehr? Selbst wenn man alles von dir wüsste, selbst wenn du ein offenes Buch wärst, was hättest du schon zu befürchten? Wie könnte es dir schaden? Die Angst basiert einfach nur auf falschen Vorstellungen, auf Konditionierungen, die die Gesellschaft dir mitgegeben hat: dass du dich verstecken und auf der Hut sein musst, dass du dich ständig wehren musst, dass jeder dir feindlich gesinnt ist, dass alle gegen dich sind.

Niemand ist gegen dich! Selbst wenn du das Gefühl hast, jemand sei gegen dich, so stimmt das gar nicht, denn alle sind viel zu sehr mit sich selbst beschäftigt, nicht mit dir. Du brauchst keine Angst zu haben. Das muss man erkannt haben, bevor eine echte Beziehung möglich ist. Es gibt nichts zu fürchten.

Meditiere darüber. Und dann erlaube dem Anderen, in dich einzutreten – lade ihn ein und lege ihm keine Hindernisse in den Weg, halte den Zugang zu dir offen. Sei immer offen – ohne Riegel, ohne verschlossene Türen in deinem Innern. Dann wird Liebe möglich.

Wenn zwei Zentren sich begegnen, entsteht Liebe. Liebe ist ein alchimistisches Phänomen – vergleichbar mit Wasserstoff und Sauerstoff, wenn sie sich begegnen. Es entsteht etwas ganz Neues daraus – Wasser. Du kannst Wasserstoff und Sauerstoff haben, aber wenn du durstig bist, nützen sie dir nichts. Dann kannst so viel Sauerstoff und Wasserstoff haben, wie du willst, aber dein Durst wird davon nicht gestillt.

Wenn zwei Zentren sich begegnen, entsteht etwas Neues. Dieses Neue ist Liebe. Und sie ist wie Wasser – sie löscht den Durst vieler Leben. Auf einmal bist du zufrieden. Das ist das sichtbare Zeichen von Liebe: Du bist so zufrieden, als hättest du alles erreicht. Nun gibt es nichts mehr zu erreichen, du bist am Ziel. Es gibt kein anderes Ziel mehr. Dein Schicksal hat sich erfüllt. Das Samenkorn ist zur Blume geworden und diese steht in voller Blüte.

Tiefe Zufriedenheit ist das sichtbare Merkmal der Liebe. Wenn jemand liebt, kannst du seine Liebe nicht sehen, aber du kannst die tiefe Zufriedenheit sehen, die Befriedigung, die ihn umgibt. Jeder Atemzug, jede Bewegung, sein ganzes Wesen strahlt Zufriedenheit aus.

Du wirst vielleicht überrascht sein, wenn ich dir sage, Liebe macht wunschlos. Aber Wünsche entstehen immer aus Unzufriedenheit. Du begehrst etwas, weil du es nicht hast. Du wünschst dir Dinge, weil du meinst, du wärst zufrieden, wenn du sie hättest. Wünsche sind ein Produkt von Unzufriedenheit.

Wenn Liebe da ist, wenn zwei Zentren sich getroffen haben, miteinander verschmolzen sind und eine neue alchimistische Substanz gebildet haben, dann entsteht Zufriedenheit. Es ist, als habe die Welt aufgehört, sich zu drehen. Alles steht still. Wenn der gegenwärtige Augenblick der einzige Augenblick ist, dann kannst du sagen: »Ah, dieser Kuchen ist köstlich!« Für jemanden, der liebt, ist selbst der Tod ohne Bedeutung.

Eine Welt ohne Grenzen

Liebe ist ein Sich-Öffnen, eine Öffnung in eine Welt ohne Grenzen, eine Welt, die nirgendwo endet. Liebe beginnt, doch sie endet nie. Sie hat einen Anfang, aber kein Ende.

Doch in der Regel mischt sich der Kopf ein und verwehrt der Liebe ihre Unendlichkeit und ihren Raum. Wenn du einen Menschen wirklich liebst, gibst du ihm unendlich viel Raum. Dein ganzes Wesen ist ein Raum für ihn, in den und mit dem er wachsen kann. Aber der Verstand tritt dazwischen und versucht diesen Menschen zu besitzen – und damit wird die Liebe zerstört. Der Verstand ist sehr gierig, er besteht aus Gier. Er ist sehr giftig. Wenn du also ins Reich der Liebe eintreten willst, musst du den Kopf beiseite lassen. Du musst leben, ohne dass sich dein Verstand einmischt. Der Verstand hat sein Gutes da, wo er wirklich gebraucht wird – auf dem Marktplatz. In der Liebe wird er nicht benötigt. Du brauchst ihn, wenn du eine Kalkulation aufstellst, doch wenn du dich nach innen wendest, brauchst du ihn nicht. Du brauchst ihn in der Mathematik, aber nicht in der Meditation. Der Verstand hat durchaus seinen Nutzen, doch dieser beschränkt sich auf die Außenwelt. Für die Innenwelt ist er völlig irrelevant. Werde also immer liebevoller, bedingungslos liebend. Werde zu Liebe. Öffne dich und sei einfach liebevoll!

Vögel und Bäume, Erde und Sterne, Mann und Frau – jeder versteht das. Ob Schwarz oder Weiß, es gibt nur eine einzige Sprache, die das ganze Universum spricht: die Sprache der Liebe. Werde zu dieser Sprache. Und sobald du zu Liebe wirst, wird sich dir eine völlig neue und grenzenlose Welt eröffnen.

Wenn du einen Menschen wirklich liebst, gibst du ihm unendlich viel Raum. Dein ganzes Wesen ist ein Raum für ihn, in den und mit dem er wachsen kann. Aber der Verstand tritt dazwischen und versucht diesen Menschen zu besitzen – und damit wird die Liebe zerstört.

Vergiss nie, dass der Verstand der Grund dafür ist, dass die Menschen verschlossen sind. Der Verstand hat schreckliche Angst, sich zu öffnen, denn er besteht im Wesentlichen aus Furcht. Je furchtloser ein Mensch ist, desto weniger gebraucht er den Verstand. Je mehr Angst er hat, desto mehr denkt er nach.

Du hast sicher schon bemerkt, dass immer dann, wenn du Angst hast, wenn du besorgt bist, wenn du etwas befürchtest, das Denken sehr stark in den Vordergrund tritt. Wenn du dir Sorgen machst, ist der Verstand hyperaktiv; wenn du dagegen unbesorgt bist, denkst du nicht so viel nach.

Wenn alles gut läuft und du keine Angst hast, hinkt der Verstand hinterher. Wenn aber etwas schief läuft, rennt er sofort voraus und übernimmt die Führung. Wenn Gefahr herrscht, wird er zum Anführer. Der Verstand funktioniert genau wie die Politiker. In seiner Autobiographie ›Mein Kampf‹ hat Adolf Hitler geschrieben, man müsse ein Land beständig in Angst halten, wenn man die Führungsposition behalten will. Schüre im Land dauernd die Angst, dass der Nachbarstaat angreifen will, dass andere Länder bereits Angriffspläne schmieden und sich auf einen Überfall vorbereiten. Setze laufend Gerüchte in die Welt. Lass die Menschen nie zur Ruhe kommen, denn wenn sie sich nicht bedroht fühlen, kümmern sie sich nicht um die Politik. Wenn es den Leuten gut geht, sind Politiker bedeutungslos. Halte sie also immerzu in Angst, denn das gibt dem Politiker Macht.

Immer wenn Krieg herrscht, machen Politiker Karriere. Churchill, Hitler, Stalin oder Mao sind alle Produkte des Kriegs. Ohne den Zweiten Weltkrieg hätte es keinen Winston Churchill gegeben, keinen Hitler und auch keinen Stalin. Der Krieg erzeugt Notsituationen und verschafft einzelnen Leuten die Gelegenheit, Macht auszuüben und die Führung zu übernehmen. Genauso ist es mit der Politik des Verstandes.

Je furchtloser ein Mensch ist, desto weniger gebraucht er den Verstand. Je mehr Angst er hat, desto mehr denkt er nach.

Meditation bedeutet nichts anderes, als eine Situation zu erzeugen, in der der Verstand immer weniger zu tun hat. Du bist so furchtlos, so liebevoll, so friedvoll und zufrieden mit allem, was geschieht, dass der Verstand nichts zu sagen hat. Mit der Zeit hinkt er mehr und mehr hinterher und der Abstand wird immer größer.

Und eines Tages bleibt dein Denken ganz weg – dann wirst du zu einem Universum. Dann bist du nicht mehr auf deinen Körper beschränkt, dann wirst du von nichts mehr eingegrenzt – du bist reiner Raum. Das ist es, was Gott ist: Gott ist reiner Raum.

Liebe ist der Weg hin zu diesem reinen Raum. Liebe ist das Mittel und Gott ist das Ziel.

Menschen, die Angst haben, sind auch zu sehr viel Liebe fähig. Denn Angst ist ein negativer Aspekt von Liebe. Wenn die Liebe nicht fließen darf, wird sie zu Angst. Sobald die Liebe fließen darf, verschwindet die Angst. Deshalb bist du nur im Zustand der Liebe wirklich furchtlos. Wenn du jemanden liebst, verschwindet plötzlich die Angst. Liebende sind die einzigen Menschen, die keine Angst haben; selbst der Tod macht ihnen keine Sorge. Nur Liebende vermögen in unbeschreiblicher Stille und Furchtlosigkeit zu sterben.

Doch in der Regel passiert Folgendes: Je mehr du liebst, desto mehr Angst hast du auch. Deshalb haben Frauen mehr Angst als Männer, denn sie haben ein größeres Potenzial an Liebe. Auf dieser Welt findet man nur sehr wenige Möglichkeiten, um die Liebe zu verwirklichen, daher bleibt sie in der Schwebe. Und jedes Potenzial, das in der Schwebe bleibt, verkehrt sich in sein Gegenteil. Liebe kann zu Eifersucht werden – auch das ist Teil der Angst; sie kann besitzergreifend werden – auch das ist Teil der Angst; sie kann sogar in Hass umschlagen – und auch das ist Teil der Angst. Werde also immer liebevoller. Liebe bedingungslos und auf so vielerlei Weise wie nur möglich. Du kannst auf millionenfache Weise lieben.

Du kannst einen Fremden lieben, der auf der Straße vorübergeht. Du kannst Liebe für ihn verspüren und weiter deines Weges gehen. Du brauchst ihn nicht einmal anzusprechen, du brauchst diese Liebe nicht auszudrücken. Fühle sie einfach und gehe deines Weges. Du kannst einen Felsen lieben, du kannst die Bäume lieben, den Himmel und die Sterne. Du kannst den Freund, den Ehemann, die Kinder, den Vater, die Mutter lieben – du kannst auf millionenfache Weise lieben.

Vergiss nicht: Mutig bedeutet nicht furchtlos. Wenn jemand keine Angst hat, so kann man ihn nicht mutig nennen. Du nennst eine Maschine nicht mutig, obwohl sie doch keine Angst kennt. Mut existiert nur im Meer der Angst. Mut ist eine Insel im Meer der Angst. Du verspürst Angst und trotzdem wagst du es – das ist Mut! Du zitterst, du hast Angst, dich ins Dunkle zu wagen, und tust es trotzdem. Du überwindest deine Furcht. Genau das bedeutet es, mutig zu sein. Mut ist nicht Furchtlosigkeit. Mut heißt, voller Angst zu sein, aber sich nicht von ihr beherrschen zu lassen.

Die eigentliche Bewährungsprobe taucht dann auf, wenn du dich der Liebe hingibst. Dann packt dich die Angst in deinem Innersten, denn Lieben heißt Sterben – in das Geliebte sterben. Es ist ein Tod, ein viel tieferer Tod als der gewöhnliche Tod. Denn dabei stirbt nur der Körper, doch im Tod der Liebe stirbt das Ego. Es braucht eine Menge Mut zum Lieben. Du musst dich trotz aller Ängste, die in dir toben, ganz auf die Liebe einlassen können.

Je größer das Risiko, desto größer ist auch die Chance zu wachsen. Für das Wachstum eines Menschen gibt es nichts Hilfreicheres als die Liebe. Wer Angst davor hat, in Liebe zu leben, bleibt kindisch, bleibt unreif. Nur das Feuer der Liebe verleiht dir Reife.

Weder leicht noch schwierig, sondern natürlich

Liebe ist ein natürlicher Bewusstseinszustand. Sie ist weder einfach noch schwierig. Diese Bezeichnungen treffen überhaupt nicht darauf zu. Liebe braucht keine Anstrengung, also kann sie weder einfach noch schwierig sein. Sie ist wie Atmen. Sie ist wie dein Herzschlag, sie ist wie das Blut, das in deinem Körper zirkuliert.

Liebe ist dein eigentliches Sein. Aber diese Art von Liebe ist nahezu unmöglich geworden. Die Gesellschaft lässt sie nicht zu. Die Gesellschaft konditioniert euch in einer Weise, die Liebe unmöglich macht und nur Hass zulässt. Dann ist Hassen einfach und Lieben nicht nur schwierig, sondern sogar unmöglich. Der Mensch ist verformt worden. Man kann einen Menschen nicht versklaven, wenn man ihn nicht zuerst verformt hat. Die Politiker und die Priester stecken seit Urzeiten unter einer Decke. Sie erniedrigen die Menschheit zu einer Masse von Sklaven. Sie zerstören jegliche Möglichkeit zu rebellieren im Menschen – und Liebe ist Rebellion, weil Liebe ausschließlich auf das Herz hört und sonst nichts.

Liebe ist gefährlich, weil sie dich zu einem Individuum macht. Doch der Staat und die Kirche wollen keine Individuen, unter keinen Umständen. Sie wollen keine Menschen, sie wollen Schafe. Sie wollen Leute, die nur wie menschliche Wesen aussehen, deren Seelen jedoch so vollkommen erstickt wurden, so tief beschädigt, dass es kaum wieder gutzumachen ist.

Und am besten kann man einen Menschen zerstören, indem man die Spontaneität seiner Liebe zerstört. Für Menschen mit Liebe kann es keine Nationen geben. Nationen existieren auf der Grundlage von Hass. Die Inder hassen die Pakistani und die Pakistani hassen die Inder – nur so können diese beiden Länder existieren. Wenn Liebe herrscht, werden die Grenzen verschwinden. Wenn es Liebe gibt, wer wird dann Christ und wer wird Jude sein? Wenn Liebe herrscht, werden die Religionen verschwinden.

Wenn Liebe herrscht, wer wird dann in die Tempel gehen? Wozu auch? Nur weil die Liebe fehlt, sucht ihr nach Gott. Gott ist nichts weiter als ein Ersatz für eure mangelnde Liebe. Weil ihr nicht selig seid, weil ihr nicht friedlich seid, weil ihr nicht ekstatisch seid, sucht ihr nach Gott; sonst würde kein Hahn nach ihm krähen. Wenn dein Leben ein Tanz ist, ist Gott bereits gefunden. Das liebende Herz ist voll von Gott. Dann ist keine Suche mehr nötig und kein Gebet, dann besteht keine Notwendigkeit, in irgendeinen Tempel oder zu einem Priester zu gehen.

Darum sind diese beiden, der Priester und der Politiker, Feinde der Menschheit. Sie stecken unter einer Decke, denn der Politiker will euren Körper beherrschen und der Priester eure Seele. Und das Rezept ist das gleiche: Zerstöre die Liebe. Dann ist der Mensch innerlich hohl und leer, seine Existenz ist sinnlos. Dann kann man mit den Menschen machen, was man will. Niemand wird rebellieren, niemand wird mutig genug sein, um zu rebellieren.

Wenn dein Leben ein Tanz ist, ist Gott bereits gefunden. Das liebende Herz ist voll von Gott. Dann ist keine Suche mehr nötig und kein Gebet, dann besteht keine Notwendigkeit, in irgendeinen Tempel oder zu einem Priester zu gehen.

Liebe gibt dir Mut, Liebe nimmt dir alle Angst – und die Unterdrücker sind abhängig von deiner Angst. Sie erzeugen tausenderlei Ängste in dir. Du bist umzingelt von Ängsten, deine ganze Psyche ist voller Ängste. Innerlich zitterst du. Nur an der Oberfläche hältst du eine gewisse Fassade aufrecht; in deinem Inneren jedoch liegen Schichten über Schichten von Angst.

Ein Mensch, der voller Angst ist, kann nur hassen. Hass ist eine natürliche Folge der Angst. Ein Mensch, der voller Angst ist, ist auch voller Wut. Ein Mensch voller Angst ist mehr gegen das Leben als für das Leben. Einem Menschen voller Angst erscheint der Tod ein verlockender Zustand der Ruhe. Ein angsterfüllter Mensch ist selbstmörderisch und lebensfeindlich. Das Leben erscheint ihm gefährlich, denn leben heißt lieben – wie kannst du sonst leben? Genauso wie der Körper atmen muss, um zu leben, muss die Seele lieben, um zu leben. Doch die Liebe ist völlig vergiftet.

Indem sie deine Liebesenergie vergiften, erzeugen sie eine Spaltung in dir. Sie haben dich dir selbst zum Feind gemacht, haben dich innerlich geteilt und einen Bürgerkrieg in dir entfacht. So bist du immer im Konflikt mit dir selbst. Und in diesem Konflikt wird deine Energie vergeudet, daher fehlt deinem Leben das Sprühende, die Heiterkeit. Es fließt nicht über vor Energie, es ist stumpf, schal und unintelligent.

Liebe schärft die Intelligenz, Angst stumpft sie ab. Aber wer will schon, dass ihr intelligent seid? Zu allerletzt die, die an der Macht sind. Wie könnten sie wollen, dass ihr intelligent seid? Dann würdet ihr nämlich anfangen, ihre ganze Strategie und ihre Spiele zu durchschauen. Sie wollen, dass ihr dumm und mittelmäßig seid. Natürlich sollt ihr gut arbeiten und leistungsfähig sein, aber ja nicht intelligent. Und so lebt die Menschheit an der unteren Grenze ihres Potenzials, auf dem Minimum.

Die wissenschaftliche Forschung sagt, dass der durchschnittliche Mensch in seinem ganzen Leben nur fünf Prozent seines Intelligenzpotenzials nutzt. Der gewöhnliche Mensch nutzt nur fünf Prozent – und was ist mit dem außergewöhnlichen? Was ist mit einem Albert Einstein, einem Mozart, einem Beethoven? Die Forscher sagen, dass selbst die, die hoch begabt sind, nicht mehr als zehn Prozent nutzen. Stellt euch also einmal eine Welt vor, in der jeder hundert Prozent seines Potenzials nutzt. Dann wären die Götter neidisch auf die Erde, dann wünschten die Götter auf Erden geboren zu werden. Dann wäre die Erde ein Paradies, ein Superparadies. Im Augenblick ist sie die Hölle.

Wenn der Mensch in Ruhe gelassen wird, wenn man ihn nicht vergiftet, dann wird die Liebe einfach und unproblematisch sein. Sie wird so sein wie Wasser, das nach unten fließt, oder wie Dampf, der nach oben steigt, wie Bäume, die blühen, und Vögel, die singen. Sie wird genauso natürlich und spontan sein!

Stellt euch einmal eine Welt vor, in der jeder hundert Prozent seines Potenzials nutzt. Dann wären die Götter neidisch auf die Erde, dann wünschten die Götter auf Erden geboren zu werden. Dann wäre die Erde ein Paradies.

Aber kein Mensch wird in Ruhe gelassen. Schon während ein Kind zur Welt kommt, stehen die Unterdrücker bereit, um sich darauf zu stürzen, um seine Energien zu ersticken und sie so gründlich zu verzerren, dass dem Betreffenden nie bewusst wird, dass er ein verkehrtes Leben lebt, ein Pseudoleben, dass er nicht so lebt, wie er eigentlich leben sollte, nicht das tut, wozu er geboren wurde; dass er ein synthetisches Leben führt, ein Leben aus Plastik – dass dies nicht seine wirkliche Seele ist. Aus diesem Grund sind Millionen von Menschen unglücklich – weil sie irgendwie spüren, dass sie von sich selbst abgelenkt worden sind, dass sie nicht wirklich sie selbst sind, dass etwas gründlich schief gelaufen ist.

Liebe ist etwas Einfaches, wenn den Kindern gestattet wird, auf natürliche Weise zu wachsen. Wenn einem Kind geholfen wird, mit der Natur und mit sich selbst in Harmonie zu sein, wenn das Kind in jeder Hinsicht unterstützt, genährt und ermutigt wird, natürlich zu sein, es selbst zu sein – sich selbst ein Licht zu sein –, dann ist Liebe einfach. Dann ist man einfach liebevoll!

Dann wird Hass nahezu unmöglich sein, denn ehe du einen anderen hassen kannst, musst du erst das Gift in dir selbst erzeugen. Du kannst einem anderen nur etwas geben, was du selber hast. Du kannst nur hassen, wenn du voller Hass bist. Und voller Hass zu sein bedeutet, Höllenqualen zu erleiden. Voller Hass zu sein bedeutet zu verbrennen. Wenn du voller Hass bist, verwundest du zunächst einmal dich selbst. Bevor du jemand anderen verletzen kannst, musst du erst einmal dich selbst verletzen. Und ob der andere dabei verletzt wird, hängt von ihm selbst ab. Womöglich nimmt der andere deinen Hass gar nicht an, sondern bleibt davon unberührt. Womöglich ist der andere ein Buddha und lacht einfach darüber. Er verzeiht dir vielleicht und reagiert gar nicht auf deinen Hass. Vielleicht kannst du ihn nicht verletzen, wenn er nicht bereit ist zu reagieren. Wenn du ihn nicht aus der Ruhe bringen kannst, kannst du nichts machen. Du wirst dich ihm gegenüber machtlos fühlen.

Es ist also nicht unbedingt so, dass der andere jedes Mal verletzt wird. Aber eines ist absolut sicher: dass du, wenn du jemanden hasst, zuerst deine eigene Seele auf vielerlei Weise verletzen musst. Du musst so voller Gift sein, dass du dein Gift auch auf andere werfen kannst.

Hass ist unnatürlich. Liebe ist ein Zustand von Gesundheit, Hass ist eine Krankheit und genauso unnatürlich wie eine Krankheit. Er entsteht nur, wenn du die Natur aus den Augen verlierst. Wenn du nicht länger mit der Existenz in Einklang bist und mit dem innersten Kern deines Seins harmonisiert, dann bist du seelisch und geistig krank. Hass ist nur ein Symbol für Krankheit, so wie Liebe ein Symbol für Gesundheit ist, für das Heile und Heilige.

Liebe sollte das Allernatürlichste sein, ist es aber nicht. Im Gegenteil, sie ist zu etwas sehr Schwierigem geworden – beinahe unmöglich. Hass ist sehr einfach geworden. Ihr werdet dazu angeleitet zu hassen, ihr werdet dazu trainiert. Ein Hindu zu sein heißt voller Hass auf Mohammedaner, Christen und Juden zu sein; ein Christ zu sein heißt voller Hass auf andere Religionen zu sein. Ein Nationalist zu sein heißt voller Hass auf andere Nationen zu sein.

Ihr kennt nur einen Weg, eure Liebe zu zeigen, nämlich den, andere zu hassen. Ihr könnt eure Liebe zu eurem Land nur beweisen, indem ihr andere Länder hasst; ihr könnt eure Liebe zu eurer Kirche nur beweisen, indem ihr andere Kirchen hasst. Ihr steckt ganz schön im Schlamassel!

Liebe sollte das Allernatürlichste sein, ist es aber nicht. Im Gegenteil, sie ist zu etwas sehr Schwierigem geworden – beinahe unmöglich. Hass ist sehr einfach geworden. Ihr werdet dazu angeleitet zu hassen, ihr werdet dazu trainiert.

Die so genannten Religionen reden immerzu von Liebe, doch alles, was sie in der Welt bewirken, ist mehr und mehr Hass. Die Christen reden von Liebe und haben immer nur Kriege geführt und Kreuzzüge veranstaltet. Die Mohammedaner reden von Liebe und haben immer nur ihre Dschihads, ihre Heiligen Kriege, geführt. Die Hindus reden von Liebe, aber ihr könnt es in ihren Schriften nachlesen – sie sind voller Hass auf andere Religionen. Und wir akzeptieren all diesen Unsinn! Wir akzeptieren ihn ohne jeden Widerstand, weil wir dazu erzogen werden, es zu akzeptieren, weil man uns beigebracht hat, dass die Welt nun mal so ist. Und dabei verleugnet ihr ständig eure eigene Natur!

Die Liebe ist vergiftet, aber nicht zerstört worden. Das Gift lässt sich wieder aus deinem System entfernen. Du kannst dich entgiften. Du kannst alles erbrechen, was die Gesellschaft dir aufgezwungen hat. Du kannst all deine Glaubenssätze und Konditionierungen auf den Müll werfen – du kannst frei sein. Die Gesellschaft kann dich nicht ewig als Sklaven halten, wenn du beschließt, frei zu sein.

Es ist höchste Zeit, aus all den alten Verhaltensmustern auszusteigen und mit einer neuen Lebensweise anzufangen, einer natürlichen, repressionsfreien Lebensweise, einem Leben, das sich nicht der Entsagung verschreibt, sondern der Freude.

Hass wird dann mehr und mehr unmöglich für dich werden. Hass ist das Gegenteil von Liebe, so wie Krankheit das Gegenteil von Gesundheit ist. Doch du brauchst die Krankheit gar nicht erst zu wählen.

Krankheit hat ein paar Vorteile, die Gesundheit nicht haben kann. Hass hat ebenfalls ein paar Vorteile, die die Liebe nicht haben kann. Seid wachsam und lasst euch nicht von diesen Vorteilen verführen. Ein Kranker wird von allen bemitleidet. Niemand tut ihm weh, alle passen auf, was sie zu ihm sagen – er ist ja so krank! Er steht im Mittelpunkt für alle, für die Familie, für die Freunde, er wird zur zentralen Person. Er wird wichtig. Wenn ihm zu viel an dieser Wichtigkeit liegt, die sein Ego befriedigt, wird er nicht wieder gesund werden wollen. Er wird sich an seine Krankheit klammern. Die Psychologen sagen, dass sich viele Menschen an ihre Krankheiten klammern, wegen der Vorteile, die sie davon haben. Und sie haben schon so lange und so viel in ihre Krankheit investiert, dass sie gar nicht mehr merken, wie sie sich daran festklammern. Sie befürchten, wieder ein Niemand zu sein, wenn sie gesund werden.

Und solches Verhalten bringt ihr auch euren Kindern bei. Wenn ein kleines Kind krank ist, wird es von der ganzen Familie beachtet. Das ist absolut unwissenschaftlich. Wenn ein Kind krank ist, dann kümmere dich um seinen Körper, aber schenke ihm nicht zu viel Beachtung. Es ist gefährlich, wenn Krankheit und Beachtung miteinander assoziiert werden, was zwangsläufig passiert, wenn es immer wieder vorkommt. Immer wenn das Kind krank ist, wird es zum Mittelpunkt der ganzen Familie: Papa kommt und setzt sich zu ihm ans Bett und erkundigt sich, wie es ihm geht, der Doktor kommt und die Nachbarn, Freunde fragen nach und viele bringen ihm Geschenke mit. Das kann dazu führen, dass es sich zu sehr an all das klammert; es kann so befriedigend für sein Ego sein, dass es womöglich nicht wieder gesund werden möchte. Wenn das geschieht, wird es tatsächlich nicht wieder gesund. Keine Medizin kann jetzt helfen. Der betreffende Mensch hat sich nachhaltig fürs Kranksein entschieden. Und genau das ist mit der Mehrheit der Menschen passiert.

Wenn du hasst, wird dein Ego befriedigt. Das Ego kann nur existieren, wenn es hasst, denn im Hassen fühlst du dich überlegen, im Hassen sonderst du dich ab, im Hassen definierst du dich, im Hass gewinnst du eine gewisse Identität. In der Liebe muss das Ego verschwinden. In der Liebe bist du nicht mehr getrennt, Liebe führt dazu, mit anderen zu verschmelzen. Sie ist Begegnung und Verschmelzen.

Wenn du dich zu sehr an das Ego klammerst, dann ist Hass sehr einfach und Liebe das Allerschwierigste. Darum pass auf und sei wachsam. Hass ist der Schatten des Egos. Liebe dagegen erfordert großen Mut, weil man das Ego aufgeben muss. Nur wer bereit ist, ein Niemand zu werden, ist fähig zu lieben. Nur wer bereit ist, ein Nichts zu werden, absolut leer zu werden, ist fähig, das Geschenk der Liebe aus dem Jenseits zu empfangen.

Es ist höchste Zeit, aus all den alten Verhaltensmustern auszusteigen und mit einer neuen Lebensweise anzufangen, einer natürlichen, repressionsfreien Lebensweise, einem Leben, das sich nicht der Entsagung verschreibt, sondern der Freude.

Löse dich aus der Menge

Meditation ist einfach nur der Mut, still und allein zu sein.
Langsam und allmählich beginnst du dann eine
neue Qualität in dir zu verspüren, eine neue Lebendigkeit,
eine neue Schönheit, eine neue Intelligenz, die nicht
von anderen geborgt ist, die in dir selber wächst.
Sie wurzelt in deiner Existenz. Und wenn du kein Feigling bist,
wird sie zur Blüte kommen und Früchte tragen.

Niemand ist so, wie er von der Existenz vorgesehen war. Die Gesellschaft, die Kultur, die Religion, die Erziehung haben sich alle gegen die Unschuld der Kinder verschworen. Sie sind übermächtig. Das Kind ist hilflos und abhängig, daher können sie alles aus ihm machen, was sie wollen. Sie erlauben dem Kind nicht, seiner natürlichen Bestimmung entgegenzuwachsen. Sie zielen einzig und allein darauf ab, menschliche Wesen in nützliche Roboter umzuformen. Wer weiß schon, ob ein Kind sich für die Interessen der Herrschenden nützlich erweisen wird, wenn man es in Ruhe aufwachsen lässt? Die Gesellschaft ist nicht bereit, dieses Risiko einzugehen. Sie packt das Kind und beginnt es so zu formen, dass es für die Gesellschaft nützlich ist.

In einem gewissen Sinn tötet sie die Seele des Kindes ab und gibt ihm eine falsche Identität, damit es seine Seele, sein wahres Wesen nie vermisst. Diese falsche Identität ist ein Ersatz. Doch dieser Ersatz ist nur dort nützlich, wo er geformt worden ist – unter anderen Leuten. Sobald du allein bist, fängt das Falsche an zu zerbröckeln und das unterdrückte Wahre beginnt sich wieder zu melden. Daher die Angst vor der Einsamkeit.

Keiner will einsam sein. Jeder will zu einem Kollektiv gehören – und nicht nur zu einem, sondern zu möglichst vielen. Zu einer religiösen Gemeinschaft, zu einer politischen Partei, zu einem Rotary Club und zu vielen weiteren kleinen Gruppierungen, denen man sich anschließen kann. Man möchte sich vierundzwanzig Stunden am Tag unterstützt fühlen, denn das Falsche kann ohne diese Unterstützung nicht bestehen. Sobald du allein bist, kommst du auf die verrücktesten Gedanken. So viele Jahre hast du dir ein bestimmtes Bild von dir gemacht, und auf einmal beginnst du in einem Moment der Einsamkeit zu spüren, dass du das gar nicht bist. Das macht Angst – wer bist du denn dann?

Und das jahrelang unterdrückte Echte braucht etwas Zeit, um sich zu manifestieren. Diese Lücke zwischen den beiden Zuständen wird von den Mystikern als ›die dunkle Nacht der Seele‹ bezeichnet – ein sehr treffender Ausdruck. Du bist nicht mehr das Falsche und noch nicht das Wirkliche. Du stehst dazwischen und du weißt nicht, wer du bist.

Vor allem im Westen ist das ein recht schwieriges Problem, denn hier wurde keine Methodik entwickelt, um das Echte so schnell wie möglich ans Licht zu bringen und so die dunkle Nacht der Seele abzukürzen. Von Meditation hat der Westen keine Ahnung. Und Meditation ist nur ein Name dafür, allein zu sein und still zu warten, bis sich das Wirkliche durchsetzt. Du tust eigentlich nichts, du entspannst dich nur ganz still, denn alles, was du tust, entspringt deiner falschen Persönlichkeit. Dein ganzes Tun ist seit so vielen Jahren daraus entsprungen. Es ist eine sehr, sehr alte Gewohnheit.

Gewohnheiten sterben schwer. So viele Jahre hast du mit einer falschen Persönlichkeit gelebt, die dir von Menschen verpasst wurde, die du geliebt und geachtet hast ... Nicht dass sie dir absichtlich etwas Böses zufügen wollten. Sie meinten es wirklich nur gut mit dir, aber leider hatten sie nicht einen Funken Bewusstheit. Deine Eltern, deine Lehrer, die Priester und die Politiker waren keine bewussten Menschen. Sie handelten unbewusst. Und in den Händen eines unbewussten Menschen verkehrt sich selbst eine gute Absicht in Gift.

Immer wenn du also allein bist, kommt eine tiefe Angst hoch, denn plötzlich beginnt das Falsche zu verschwinden. Und das Echte braucht ein bisschen Zeit. Du hast es vor so vielen Jahren verloren. Du musst bedenken, dass da eine Kluft von vielen Jahren überbrückt werden muss.

In dieser Angst befürchtest du deinen Verstand, deine geistige Gesundheit, deinen Kopf, deine Persönlichkeit zu verlieren, denn aus all dem besteht dein falsches Selbst, das die anderen dir gegeben haben. Alles scheint sich aufzulösen. Du glaubst verrückt zu werden. Also fängst du sogleich an, irgendetwas zu tun, nur um dich beschäftigt zu halten. Wenn schon keine anderen Leute da sind, dann tust du wenigstens etwas, damit das Falsche beschäftigt bleibt und nicht zu verschwinden beginnt.

Aus diesem Grund tun sich die Leute so schwer mit ihrer freien Zeit. Fünf Tage arbeiten sie und hoffen, dass sie sich am Wochenende erholen können, doch genau dann ist es am Allerschlimmsten. An Wochenenden passieren mehr Unfälle, verüben mehr Menschen Selbstmord, wird mehr getötet, mehr gestohlen und mehr vergewaltigt. Merkwürdig! Fünf Tage sind die Leute beschäftigt, ohne dass es große Probleme gibt. Doch am Wochenende haben sie die Wahl, sich entweder mit etwas zu beschäftigen oder sich zu entspannen. Aber Entspannung macht Angst, weil dann die falsche Persönlichkeit verschwindet. Halte dich also mit irgendetwas beschäftigt – Hauptsache, du machst etwas. Die Leute strömen zu den Badestränden – Stoßstange an Stoßstange, ein kilometerlanges Verkehrschaos. Und wenn du sie fragst, wohin sie gehen, so wollen sie ›endlich der Masse entfliehen‹, und zwar alle auf einmal. Alle sind auf dem Weg zu einem einsamen, ruhigen Plätzchen.

Eigentlich wäre es zu Hause viel einsamer und ruhiger gewesen, weil sich dummerweise alle miteinander auf die Suche nach einem einsamen Plätzchen gemacht haben. Und alle beeilen sich wie wahnsinnig, denn zwei Tage sind bald vorbei. Sie müssen irgendwohin – frag mich nicht wohin.

Die Strände sind überfüllt. Nicht einmal in der Stadt herrscht ein solches Gewimmel. Und seltsamerweise fühlen sich die Leute pudelwohl bei ihrem Sonnenbad. Zehntausend Leute nehmen an einem schmalen Stück Strand ein Sonnenbad und entspannen sich. Wäre einer von ihnen allein dort, könnte er sich nicht entspannen. Doch er weiß, dass sich rundherum tausend andere Leute entspannen – dieselben Leute wie im Büro, dieselben Leute wie auf der Straße oder in der Stadt.

Die Menge ist absolut essenziell, damit das falsche Selbst existieren kann. Sobald es sich einsam fühlt, beginnst du auszurasten. Genau dann wäre es gut, wenn du etwas von Meditation verstehst.

Und mach dir keine Sorgen, denn das, was verschwinden kann, hat sowieso keinen Wert. Es ist sinnlos, daran festzuhalten. Es gehört dir nicht. Das bist nicht du.

Wenn das Falsche verschwunden ist und das frische, unschuldige, unverdorbene Wesen seinen Platz einnimmt – das bist wirklich du. Die Frage, wer du wirklich bist, kann dir niemand anderes beantworten. Doch dann wirst du es wissen. Alle Meditationstechniken sind eine Hilfe, um das Falsche zu zerstören. Sie geben dir nicht das Echte. Das Echte kann einem niemand geben. Was dir gegeben werden kann, kann nicht echt sein. Du hast das Echte schon. Du brauchst nur noch das Falsche wegzunehmen. Man kann es auch so ausdrücken: Ein Meister nimmt dir all das weg, was du nicht wirklich hast, und gibt dir das zurück, was du wirklich hast.

Meditation ist einfach nur der Mut, still und allein zu sein. Langsam und allmählich beginnst du dann eine neue Qualität in dir zu verspüren, eine neue Lebendigkeit, eine neue Schönheit, eine neue Intelligenz, die nicht von anderen geborgt ist, die in dir selber wächst. Sie wurzelt in deiner Existenz. Und wenn du kein Feigling bist, wird sie zur Blüte kommen und Früchte tragen.

Nur mutige Menschen, nur Menschen mit Mumm können religiös sein. Nicht die Kirchgänger – das sind Feiglinge! Nicht die Hindus, nicht die Mohammedaner, nicht die Christen – sie verschließen sich der Suche. Sie bleiben bei ihresgleichen, sie versuchen ihre falsche Identität nur noch mehr zu festigen.

Du bist voller Leben, voller Bewusstsein, voll von einer unbeschreiblichen Sensibilität zur Welt gekommen. Schau dir nur mal ein kleines Kind an! Schaue ihm in die Augen, nimm diese Frische wahr. All das wird von einer falschen Persönlichkeit zugeschüttet.

Habe keine Angst. Du kannst nur das verlieren, was sowieso verloren gehen muss – und je früher, desto besser! Denn je länger das Falsche bleibt, desto stärker wird es.

Und niemand weiß, was morgen sein wird.

Stirb nicht, bevor du dein authentisches Wesen verwirklicht hast.

Nur die wenigen Menschen, die ihr Leben authentisch gelebt haben und die authentisch gestorben sind, sind wirklich gesegnet, denn sie wissen, dass das Leben ewig währt und der Tod eine Fiktion ist.

Alle Meditationstechniken sind eine Hilfe, um das Falsche zu zerstören. Sie geben dir nicht das Echte. Das Echte kann einem niemand geben. Was dir gegeben werden kann, kann nicht echt sein. Du hast das Echte schon. Du brauchst nur noch das Falsche wegzunehmen.

Die Politik der grossen Zahl

Jede Gesellschaft ist von einer tief sitzenden Erwartung geprägt, dass du dich genauso verhalten wirst wie alle anderen. Sobald du dich ein wenig anders verhältst, wirst du ein Fremder. Und die Leute haben sehr viel Angst vor dem Fremden.

Das ist der Grund, warum überall, wo zwei Menschen in einem Bus, in einem Zugabteil oder an einer Bushaltestelle sitzen, keiner still für sich sein kann, denn in der Stille sind sie sich beide fremd. Sie fangen sofort an, sich bekannt zu machen: »Wer sind Sie? Wohin fahren Sie? Was arbeiten Sie?« Ein paar kurze Angaben und schon entspannen sie sich – der andere ist ein Mensch wie du und ich.

Die Menschen möchten sich am liebsten ständig in einer Menge aufhalten, in die sie hineinpassen. Sobald du dich anders verhältst, werden alle sofort argwöhnisch. Etwas läuft da schief. Man kennt dich doch und man sieht sofort, dass sich etwas bei dir geändert hat. Man hat dich gekannt, als du dich selbst nicht akzeptieren konntest, und jetzt sieht man auf einmal, wie du dich selbst akzeptierst …

In dieser Gesellschaft kann sich niemand selbst akzeptieren. Jeder verurteilt sich. Das gehört zum guten Ton. Und wenn du da nicht mitmachst, wenn du dich selbst annimmst, hast du der Gesellschaft den Rücken gekehrt. Die Gesellschaft kann es nicht ertragen, dass jemand aus dem Rahmen fällt, denn sie lebt von der Zahl ihrer Mitglieder. Es ist eine Politik der großen Zahl. Je mehr Gleichgesinnte, desto besser fühlt man sich. Die große Zahl gibt den Leuten das Gefühl, im Recht zu sein. Millionen sind so wie sie, also können sie sich nicht irren.

Doch wenn man ganz allein ist, wird man von starken Zweifeln geplagt: »Keiner steht mir zur Seite. Wie soll ich jetzt wissen, was richtig und was falsch ist?«

Darum erfordert es in dieser Welt größten Mut, ein Individuum zu sein.

Um ein Individuum zu sein, musst du völlig angstfreien Boden unter den Füßen haben: »Es macht nichts, dass die ganze Welt gegen mich ist. Das einzig Wichtige ist, dass meine Erfahrung stimmt. Ich schaue nicht auf Zahlen, ich achte nicht darauf, wie viele Leute meiner Meinung sind. Nur die Gültigkeit meiner Erfahrung zählt. Entspringen meine Äußerungen meiner eigenen Erfahrung? Oder wiederhole ich wie ein Papagei die Worte anderer? Wenn sie meiner eigenen Erfahrung entspringen, wenn sie Teil von mir, von meinem Fleisch und Blut sind, mag die ganze Welt das Gegenteil behaupten – ich habe trotzdem Recht und sie nicht. Es ist mir gleichgültig. Ich brauche ihren Beistand nicht, um mich im Recht zu fühlen. Nur wer die Meinung von anderen Leuten vertritt, braucht Unterstützung von außen.«

Genauso hat die menschliche Gesellschaft bis jetzt funktioniert. So hält sie dich in ihrem Bann. Wenn alle anderen traurig sind, musst auch du traurig sein. Wenn es allen anderen mies geht, muss es auch dir mies gehen. Du musst genauso sein wie alle anderen. Abweichungen sind nicht erlaubt, denn Abweichungen führen letztendlich zu Individualität, zu Einzigartigkeit. Die Gesellschaft hat große Angst vor Individuen und vor Einzigartigkeit, denn das bedeutet, dass jemand unabhängig von der Menge geworden ist, dass er sich keinen Deut mehr um sie kümmert. Eure Götter, eure Tempel, eure Priester und eure Schriften haben keine Bedeutung mehr für ihn.

Jetzt hat er sein eigenes Wesen entdeckt, seinen eigenen Weg, seinen eigenen Stil – zu leben, zu sterben, zu feiern, zu singen, zu tanzen. Er ist nach Hause gekommen.

Keiner kann in der Menge nach Hause kommen. Nach Hause kommt man nur allein.

Die Gesellschaft lebt von der Zahl ihrer Mitglieder. Es ist eine Politik der großen Zahl. Je mehr Gleichgesinnte, desto besser fühlt man sich. Die große Zahl gibt den Leuten das Gefühl, im Recht zu sein. Millionen sind so wie sie, also können sie sich nicht irren.

Vertraue deinem inneren Gespür

Ein Junge kratzte sich dauernd am Kopf. Eines Tages fragte ihn sein Vater: »Mein Sohn, warum kratzt du dich denn immer am Kopf?«

Der Junge erwiderte: »Weil ich der Einzige bin, der weiß, wo es mich juckt.«

Das ist inneres Gespür! Nur du allein weißt Bescheid, niemand anders. Es lässt sich nicht von außen feststellen. Wenn du Kopfweh hast, weißt nur du es. Und es lässt sich auch nicht beweisen. Wenn du glücklich bist, weißt nur du es. Du kannst es nicht beweisen, du kannst dein Glück nicht auf den Tisch legen, um es von allen inspizieren, sezieren und analysieren zu lassen.

Dein inneres Empfinden ist in der Tat so innerlich, dass du nicht einmal beweisen kannst, dass es überhaupt existiert. Die Wissenschaft streitet es daher rundweg ab, doch das ist eine unmenschliche Haltung. Sogar ein Wissenschaftler weiß, dass er ein inneres Gefühl hat, wenn er Liebe empfindet. Etwas ist da! Es ist kein Ding, kein Objekt. Man kann es den anderen nicht vorzeigen und dennoch existiert es.

Dein inneres Gespür hat seine eigene Gültigkeit. Doch dank der wissenschaftlichen Ausbildung haben die Leute das Vertrauen in ihre innere Stimme verloren. Sie sind von den Ansichten anderer abhängig geworden. Das kann so weit gehen, dass dir jemand nur zu sagen braucht: »Du siehst heute aber sehr glücklich aus!« und schon beginnst du dich glücklich zu fühlen. Wenn zwanzig Leute beschließen, dich unglücklich zu stimmen, so können sie das leicht tun. Sie brauchen nur einen Tag lang jedes Mal, wenn du ihnen begegnest, zu dir zu sagen: »Siehst du aber unglücklich aus! Warum so traurig? Was ist denn mit dir los? Ist jemand gestorben?« Und bald argwöhnst du, dass es wohl stimmen muss, wenn so viele Leute sagen, du seist unglücklich.

Du bist abhängig von der Meinung der anderen. Du hast dich so sehr auf ihre Meinung verlassen, dass du dein inneres Gefühl völlig aus den Augen verloren hast. Du musst es wiederentdecken, denn alles Schöne, alles Gute, alles Göttliche kann nur mit dem inneren Gespür gefühlt werden.

Lasse dich nicht länger von der Meinung anderer beeinflussen, sondern beginne nach innen zu schauen. Erlaube deiner inneren Stimme, dir etwas mitzuteilen. Vertraue deinem inneren Gespür. Wenn du ihm vertraust, wird es wachsen. Wenn du ihm vertraust, gibst du ihm Nahrung und es wird stärker.

Vivekananda ging einmal zu Ramakrischna und sagte: »Es gibt keinen Gott! Ich kann es dir beweisen. Gott existiert nicht.« Vivekananda war ein sehr logischer und sehr skeptischer Mann und im westlichen philosophischen Denken bestens bewandert. Ramakrischna dagegen war völlig ungebildet. Ramakrischna sagte: »Nur zu. Beweise es mir!«

Vivekananda redete viel. Er führte alle seine Beweise an. Ramakrischna hörte ihm zu, dann sagte er: »Aber meine innere Stimme sagt mir, dass Gott existiert. Und nur das zählt für mich. Was du da vorbringst, sind alles nur Argumente. Was sagt denn deine innere Stimme?«

Vivekananda hatte noch nie einen Gedanken daran verschwendet. Er zuckte mit den Achseln. Er hatte Bücher gelesen, Argumente gesammelt, er hatte Beweise pro und kontra angehäuft und aufgrund dessen zu entscheiden versucht, ob Gott existiert oder nicht. Doch er hatte nie in sich hineingehorcht. Er hatte nie auf seine innere Stimme gelauscht. So eine Dummheit! Doch der skeptische Verstand ist dumm, das logische Denken ist dumm.

Ramakrischna sagte: »Deine Argumente sind wundervoll. Ich habe sie richtig genossen. Aber was soll ich tun? Ich weiß es einfach. Ein inneres Gefühl sagt mir, dass Gott existiert. Genauso wie es mir sagt, ich bin glücklich, ich bin krank, ich bin traurig, mein Bauch tut mir weh, ich fühle mich heute nicht wohl – genauso sagt mein inneres Gefühl, dass Gott existiert. Das ist kein Thema, worüber sich streiten lässt.«

Und Ramakrischna fuhr fort: »Ich kann es nicht beweisen. Aber wenn du willst, kann ich es dir zeigen.« Niemand hatte Vivekananda zuvor gesagt, dass man Gott zeigen könne. Doch bevor er etwas erwidern konnte, sprang Ramakrischna ihn an. Ramakrischna war ein wilder Mann. Er sprang Vivekananda mit beiden Füßen auf die Brust. Und dabei geschah etwas, dabei sprang eine gewisse Energie über. Vivekananda fiel drei Stunden lang in eine Trance. Als er die Augen öffnete, war er ein neuer Mensch.

Ramakrischna meinte: »Was sagst du jetzt? Existiert Gott oder existiert Gott nicht? Was sagt deine innere Stimme jetzt?«

Vivekananda war in einem Zustand von solcher Ruhe, von solcher Stille wie noch nie zuvor. In ihm jubilierte alles und er verspürte ein unendliches Wohlbefinden, das sich überallhin verströmte. Er musste sich verneigen und Ramakrischnas Füße berühren und sagen: »Ja, Gott existiert.«

Gott ist keine Person, sondern das Gefühl höchsten Wohlbefindens, das Gefühl, endlich daheim zu sein, das Gefühl, dass du zu dieser Welt gehörst und sie zu dir, dass du hier nicht fremd bist, dass du kein Außenseiter bist. Das höchste existenzielle Gefühl, dass du und das Ganze nicht getrennt sind – diese Erfahrung ist Gott. Sie ist jedoch erst dann möglich, wenn du deinem inneren Gespür Raum gibst, damit es wirksam werden kann.

Gib ihm mehr und mehr Raum, gib ihm so viele Gelegenheiten wie möglich. Suche nicht immer nach äußeren Autoritäten, höre nicht immer auf die Meinungen anderer. Werde ein wenig unabhängiger. Fühle mehr und denke weniger. Schaue dir eine Rose an, ohne gleich wie ein Papagei nachzuplappern: »Wie schön!« Vielleicht ist das nur eine übernommene Meinung, weil man dir immer gesagt hat, Rosen seien schön, Rosen seien prächtige Blumen. Du hast es so gehört, seit du ein Kind warst. Wenn du jetzt eine Rose siehst, wiederholst du also ganz automatisch: »Wie schön!« Aber spürst du es wirklich? Entspricht es deinem inneren Gefühl? Wenn nicht, dann sei besser still.

Wenn du den Mond anschaust, dann sage nicht, er sei schön, solange die Worte nicht aus deinem inneren Gefühl herrühren. Du wirst überrascht feststellen, dass neunundneunzig Prozent von all dem Zeug, das du im Kopf herumträgst, geborgt sind. Und in diesen neunundneunzig Prozent wertlosem Müll geht das eine Prozent inneres Gespür unter, geht es verloren. Wirf dieses angehäufte Wissen über Bord. Finde zu deiner inneren Stimme zurück.

Gott wird durch das innere Gespür erkannt.

Es gibt sechs Sinne. Fünf sind nach außen gerichtet, sie informieren dich über die Welt. Die Augen sagen dir etwas über das Licht – ohne Augen würdest du nichts über das Licht wissen. Die Ohren sagen dir etwas über Töne – ohne Ohren wüsstest du nichts über sie. Und es gibt einen sechsten Sinn, das innere Gespür, das dir etwas über dich selbst und über die höchste Quelle aller Dinge zeigt. Diesen sechsten Sinn musst du entdecken.

Meditation ist nichts anderes als die Entdeckung dieses sechsten Sinnes.

Gott ist keine Person, sondern das Gefühl höchsten Wohlbefindens, das Gefühl, endlich daheim zu sein, das Gefühl, dass du zu dieser Welt gehörst und sie zu dir, dass du hier nicht fremd bist, dass du kein Außenseiter bist.

Am allermeisten in dieser Welt fürchten wir uns vor der Meinung der anderen Leute. Sobald du jedoch keine Angst mehr vor der Menge hast, bist du kein Schaf mehr, dann wirst du ein Löwe. Ein Löwengebrüll steigt in deinem Herzen auf – der Ruf der Freiheit.

Es war Buddha, der es das Löwengebrüll genannt hat. Wenn jemand einen Zustand absoluter Stille erreicht, brüllt er wie ein Löwe. Zum ersten Mal weiß er, was Freiheit ist, denn jetzt hat er keine Angst mehr vor der Meinung der anderen. Was die Leute sagen, spielt keine Rolle mehr. Ob sie dich einen Heiligen oder einen Sünder nennen, ist unwesentlich. Dein einziger Richter ist Gott. Und damit ist nicht etwa eine Person gemeint, sondern das gesamte Universum.

Es geht hier nicht darum, einer Person gegenüberzutreten. Du musst dich den Bäumen zuwenden, den Flüssen, den Bergen, den Sternen – dem ganzen Universum. Dies ist unser Universum. Wir sind ein Teil davon. Wir brauchen keine Angst davor zu haben, wir brauchen nichts vor ihm zu verbergen. Und selbst wenn du es versuchen würdest, würde es dir nicht gelingen. Das Ganze weiß bereits Bescheid. Das Ganze weiß mehr über dich, als du selber weißt.

Und noch viel wichtiger ist, dass Gott bereits gerichtet hat. Das geschieht nicht irgendwann in der Zukunft, es ist schon geschehen. Er hat sein Urteil bereits gesprochen. Damit verblasst auch die Angst vor einem künftigen Gericht. Am Ende der Tage kommt kein Jüngstes Gericht. Du brauchst nicht davor zu zittern. Das Jüngste Gericht fand schon am ersten Tage statt. In dem Augenblick, in dem er dich erschuf, hat er sein Urteil über dich schon gesprochen. Er kennt dich. Du bist sein Geschöpf. Wenn etwas mit dir schief läuft, ist er dafür verantwortlich, nicht du. Wenn du in die Irre gehst, ist er verantwortlich, nicht du. Wie könntest du selber verantwortlich sein? Du bist nicht dein eigenes Geschöpf. Wenn du ein Bild malst und etwas danebengeht, kannst du nicht sagen, das Bild sei schuld – der Maler ist schuld daran.

Du brauchst also keine Angst vor der Menge oder vor einem imaginären Gott zu haben, der dich am Jüngsten Tag fragen wird, was du getan und was du unterlassen hast. Er hat sein Urteil schon gesprochen – das ist ungemein wichtig! Es ist bereits geschehen. Jetzt bist du frei. Und sobald man weiß, dass man völlig frei ist, man selbst zu sein, bekommt das Leben eine dynamische Qualität.

Angst erzeugt Fesseln. Freiheit verleiht dir Flügel.

Dies ist unser Universum. Wir sind ein Teil davon. Wir brauchen keine Angst davor zu haben, wir brauchen nichts vor ihm zu verbergen. Und selbst wenn du es versuchen würdest, würde es dir nicht gelingen. Das Ganze weiß bereits Bescheid. Das Ganze weiß mehr über dich, als du selber weißt.

Freiheit von – Freiheit für

Strebe nie danach, frei von etwas zu sein, sondern immer nur frei für etwas. Das macht einen riesigen Unterschied. Nicht frei von, sondern frei für. Sei frei für Gott, sei frei für die Wahrheit, aber glaube nicht, du müsstest dich von der Menge befreien, von der Kirche oder von was auch immer. Du wirst dich sonst eines Tages zwar weitgehend von ihnen gelöst haben, aber du wirst nie ganz frei sein, niemals. Es findet eher eine Art von Verdrängung statt.

Wieso hast du so viel Angst vor der Menge? Deine Angst ist nur ein Beweis dafür, dass sie noch immer eine bestimmte Anziehungskraft auf dich ausübt. Du magst hingehen, wo du willst, sie wird dich immer im Griff haben.

Ich will damit sagen, dass du einfach den Tatsachen ins Auge schauen sollst. Es besteht keine Notwendigkeit, dich nach der Menge zu richten. Konzentriere dich einfach auf dein eigenes Wesen. Du kannst die Menge ohne weiteres loswerden. Wenn du jedoch dagegen kämpfst, kannst du dich nicht davon befreien. Du kannst sie auf der Stelle loswerden, aber dagegen kämpfen führt zu nichts.

Die Menge ist nicht das Problem – du selbst bist das Problem. Die Menge zieht dich nicht zu sich, du lässt dich ziehen – und zwar nicht von jemand anderem, sondern von deiner eigenen unbewussten Konditionierung.

Denke immer daran, die Verantwortung nicht auf irgendjemand anderen abzuwälzen, sonst wirst du niemals frei sein. Tief im Innern bist du selbst verantwortlich. Wieso also all diese Ressentiments gegen die Menge? Die arme Menge! Wieso bist du so sehr gegen sie? Wieso schleppst du solch eine Wunde mit dir herum?

Die Menge vermag nichts, außer du kooperierst mit ihr. Das Problem ist also deine Kooperationsbereitschaft. Du kannst sie jetzt sofort aufgeben, ganz einfach so. Wenn du dich jedoch lange anstrengst, machst du es dir nur schwer. Tue es sofort, in diesem Augenblick, in dieser Sekunde. Es braucht nur dein spontanes Verständnis, dass du auf verlorenem Posten kämpfst, weil du jedes Mal, wenn du kämpfst, der Menge unnötig Wert beimisst.

Das trifft auf Millionen von Menschen zu. Männer möchten den Frauen und dem Sex entsagen – in Indien ist das seit Jahrhunderten so üblich – und werden immer mehr davon eingenommen. Sie wollen den Sex loswerden und dabei dreht sich alles nur noch um Sex. Sie können an nichts anderes mehr denken. Sie fasten und halten sich wach, sie üben sich in den verschiedensten Pranayamas, sie machen Yoga und tausend andere Dinge, und nichts hilft. Je mehr sie mit ihrer Sexualität kämpfen, desto mehr verstärken sie sie, desto mehr konzentrieren sie sich darauf. Sie erhält eine völlig unangemessene Bedeutung.

Dasselbe ist auch in den christlichen Klöstern passiert. Aus Angst musste der Sex verdrängt werden. Und dasselbe kann auch dir passieren, wenn du zu sehr Angst vor der Menge hast. Die Menge kann nichts ausrichten, außer du gibst deine Zustimmung. Es ist also eine Frage deiner Bewusstheit. Höre auf zu kooperieren!

Aus meiner Sicht bist du für alles verantwortlich, was dir passiert. Niemand tut dir etwas an. Du wolltest es so und so geschah es auch. Jemand nützt dich aus, weil du ausgenützt werden wolltest. Jemand hat dich in ein Gefängnis gesteckt, weil du dich einsperren lassen wolltest. Du musst auf eine gewisse Weise danach gesucht haben. Du hast es vielleicht Sicherheitsbedürfnis genannt oder ihm eine andere Bezeichnung gegeben, ein anderes Etikett aufgeklebt, doch im Grunde wolltest du dich einsperren lassen, denn in einem Gefängnis ist man sicher, da herrscht keine Unsicherheit.

Kämpfe nicht mit den Gefängnismauern! Schaue in dich hinein. Finde dieses Streben nach Sicherheit in dir und werde dir bewusst, wie die Menge dich dadurch manipulieren kann. Du musst irgendetwas von ihr wollen – Anerkennung, Ehre, Achtung, Respektabilität. Wenn du etwas von ihr willst, musst du dafür bezahlen. Dann sagt die Menge: »Gut! Wir geben dir Anerkennung und du gibst uns dafür deine Freiheit.« Es ist ein simples Tauschgeschäft. Die Menge hat dir nie etwas angetan – du selber bist der Verantwortliche. Es ist Zeit, dir nicht mehr selbst im Weg zu stehen.

Die Menge ist nicht das Problem – du selbst bist das Problem. Die Menge zieht dich nicht zu sich, du lässt dich ziehen – und zwar nicht von jemand anderem, sondern von deiner eigenen unbewussten Konditionierung.

Finde dein ursprüngliches Gesicht

Sei einfach, was du bist. Kümmere dich keinen Deut um die Welt. Dann wirst du eine unbeschreibliche Entspannung und einen tiefen Frieden in deinem Herzen verspüren. Zen-Leute nennen dies ›das ursprüngliche Gesicht‹: entspannt, unverkrampft, ohne Anmaßung, ohne Heuchelei, ohne irgendwelche Regeln, wie man sich zu benehmen hat.

›Das ursprüngliche Gesicht‹ ist eine wunderschöne poetische Beschreibung dafür. Doch das bedeutet nicht, dass du ein anderes Gesicht haben wirst. Dein Gesicht wird nur seine Angespanntheit verlieren, es wird sich glätten, wird nicht mehr gleich bewerten und urteilen, wird andere nicht mehr für minderwertig halten. Mit diesen neuen Wertmaßstäben wird dein eigenes Gesicht zu deinem ursprünglichen Gesicht.

Es gibt ein altes Sprichwort: »Mancher Held ist einer, der nie den Mut fand, ein Feigling zu sein.«

Was ist falsch daran, ein Feigling zu sein? Du bist nun einmal so – völlig in Ordnung! Es braucht auch Feiglinge.

Woher wollt ihr sonst die Helden nehmen? Feiglinge sind der notwendige Hintergrund, vor dem sich die Helden abheben können.

Sei einfach du selbst, was immer du auch bist.

Was ist falsch daran, ein Feigling zu sein? Du bist nun einmal so – völlig in Ordnung! Es braucht auch Feiglinge. Woher wollt ihr sonst die Helden nehmen?

Das Problem besteht darin, dass dir bis jetzt noch keiner erlaubt hat, einfach du selbst zu sein. Jeder steckt seine Nase in deine Angelegenheiten und will, dass du so oder so und nicht anders bist, selbst in ganz banalen Dingen.

Schon als kleiner Schuljunge hasste ich es, wenn mir gesagt wurde, wie ich zu sein hätte. Die Lehrer begannen mich zu bestechen: »Wenn du dich ordentlich benimmst, kann ein Genie aus dir werden.«

Ich sagte: »Zum Teufel mit dem Genie! Ich will einfach ich selbst sein.« Ich legte beim Sitzen oft die Beine auf den Tisch und alle Lehrer waren beleidigt und schimpften: »Was fällt dir ein, dich so zu benehmen?«

Ich erwiderte: »Der Tisch hat nichts dagegen. Er sagt nichts. Das ist etwas zwischen mir und dem Tisch. Warum sind Sie so wütend? Ich lege meine Beine ja nicht auf Ihren Kopf. Sie sollten es sich ebenfalls bequem machen. Und so kann ich dem Unsinn, den Sie uns da beibringen, viel besser folgen.«

Auf der einen Seite des Klassenzimmers war ein Fenster mit einer wunderbaren Aussicht. Draußen gab es Bäume und Kuckucks und andere Vögel. Die meiste Zeit schaute ich zum Fenster hinaus, bis der Lehrer kam und mich anfuhr: »Warum kommst du überhaupt zur Schule?«

Ich sagte: »Weil es in unserem Haus kein Fenster wie dieses gibt, durch das man den ganzen Himmel sehen kann. Und rund um unser Haus gibt es auch keine Kuckucks und keine anderen Vögel. Es liegt in der Innenstadt und so dicht zwischen anderen Häusern, dass keine Vögel sich dort aufhalten und kein Kuckuck auf die Idee kommt, er könnte die Menschen dort mit seinem Gesang beglücken.

Glauben Sie ja nicht, ich käme hierher, um Ihnen zuzuhören! Ich bezahle Schulgeld und Sie sind hier nur angestellt, vergessen Sie das nicht. Wenn ich beim Examen durchfalle, komme ich mich nicht bei Ihnen beschweren. Und ich werde deswegen auch nicht traurig sein. Aber wenn ich das ganze Jahr so tun muss, als würde ich Ihnen zuhören, während ich in Wirklichkeit den Kuckucks draußen zuhöre, das wäre der Anfang von einem heuchlerischen Leben. Und ich will kein Heuchler werden.«

Jede Kleinigkeit musste genauso gemacht werden, wie es die Lehrer und Professoren für richtig hielten. In meiner Schule trug man zu jener Zeit – und vielleicht sogar noch heute – eine Mütze. Ich habe nichts gegen Mützen. Seit ich die Universität verlassen habe, habe ich angefangen, selbst Mützen zu tragen, doch vorher setzte ich mir nie eine auf. Und schon kam der erste Lehrer und sagte verärgert: »Du störst die Schuldisziplin! Wo ist deine Mütze?«

Ich sagte: »Zeigen Sie mir zuerst das Schulreglement. Steht da irgendwo, dass jeder Junge eine Mütze tragen muss? Und wenn nicht, dann versuchen Sie hier etwas durchzusetzen, was gegen das Schulreglement ist.«

Er brachte mich zum Direktor. Ich sagte zu ihm: »Zeigen Sie mir die Stelle, wo steht, dass Mützen obligatorisch sind, und ich werde sofort eine aufsetzen. Wenn das hier obligatorisch ist, wechsle ich vielleicht sogar die Schule. Aber lassen Sie mich zuerst sehen, wo das geschrieben steht.«

Es gab keine solche Bestimmung. Ich sagte: »Können Sie mir irgendeinen vernünftigen Grund dafür nennen, eine Mütze zu tragen? Fördert das meine Intelligenz? Hilft es mir weiter im Leben? Macht mich eine Mütze gesünder oder einsichtiger? Soviel ich weiß, ist Bengalen die einzige Provinz in Indien, wo keine Mützen getragen werden, und Bengalen ist bei weitem die intelligenteste Provinz. Der Pandschab ist genau das Gegenteil. Dort tragen die Leute einen Turban als Kopfbedeckung – so groß, als würde sonst ihre Intelligenz entfliehen und sie müssten sie irgendwie festhalten. Und der Pandschab ist die am wenigsten intelligenteste Provinz von ganz Indien.«

Der Direktor meinte: »Was du da sagst, ist gar nicht so dumm. Aber an dieser Schule ist es nun einmal Sitte. Wenn du keine Mütze trägst, werden andere ebenfalls damit aufhören.«

Ich sagte: »Was wäre denn daran so schlimm? Hört doch einfach auf damit!«

Selbst in völlig unbedeutenden Angelegenheiten wollen dir immer alle dreinreden.

In meiner Kindheit trug ich die Haare lang. Ich ging täglich im Laden meines Vaters ein und aus, denn Laden und Wohnung waren miteinander verbunden. Die Wohnung lag dahinter und man musste jedes Mal durch den Laden gehen. Die Leute fragten immer wieder: »Wessen Mädchen ist denn das?« Denn meine Haar waren so lang, dass sich niemand etwas anderes als ein Mädchen darunter vorstellen konnte.

Mein Vater wurde jedes Mal ganz verlegen und schämte sich, wenn er sagen musste: »Das ist mein Sohn«, weil sie ihn dann jedes Mal fragten: »Aber warum dann die vielen Haare?«

Eines Tages wurde er ganz gegen seine sonstige Natur so wütend, dass er zu mir kam und mir eigenhändig die Haare abschnitt. Er nahm die Schere, die er im Laden benutzte, um Stoff zuzuschneiden, und schnitt mir damit die Haare ab. Zu seiner Überraschung sagte ich kein Wort. Er fragte: »Hast du die Sprache verloren?«

Ich sagte: »Ich werde es dir auf meine Weise sagen.«

»Was meinst du damit?«

»Du wirst schon sehen«, sagte ich. Und ich ging zu dem opiumsüchtigen Friseur, der gleich gegenüber seinen Laden hatte. Er war der Einzige, für den ich Respekt empfand. Es gab mehrere Friseurläden nebeneinander, doch ich liebte diesen alten Mann. Er war ein seltsamer Vogel und er liebte mich auch. Wir konnten stundenlang miteinander reden.

Ich ging also zu ihm hinüber und sagte zu ihm: »Rasiere mir den ganzen Kopf kahl.« In Indien lässt man sich den Kopf nur dann kahl rasieren, wenn der eigene Vater gestorben ist. Einen Augenblick lang kam sogar dieser Opiumsüchtige zur Besinnung. Er fragte: »Was ist passiert? Ist dein Vater gestorben?«

Ich sagte: »Lass das nur meine Sache sein und tue, was ich dir sage. Es geht dich nichts an. Rasiere mir einfach nur den Kopf.«

Er meinte: »Du hast Recht. Es geht mich nichts an. Wenn er tot ist, ist er tot.«

Er rasierte mir den Kopf völlig kahl und ich ging nach Hause zurück. Ich trat in den Laden. Mein Vater und alle seine Kunden starrten mich an. Sie fragten: »Was ist passiert? Wessen Junge ist das? Sein Vater ist gestorben.«

»Das ist mein Junge und ich bin noch am Leben«, sagte mein Vater. »Ich habe gewusst, dass er etwas unternehmen würde. Er hat es mir gut gezeigt!«

Überall, wo ich hinging, fragten mich die Leute: »Was ist bloß passiert? Er war doch kerngesund.«

Ich sagte: »Die Leute sterben in jedem Alter. Um ihn macht ihr euch Sorgen, aber meine Haare sind euch egal.«

Und zu meinem Vater sagte ich: »Du hast das ganze Kuddelmuddel selbst angerichtet. Was hat dich denn so sehr in Verlegenheit gebracht? Du hättest doch einfach sagen können: ›Das ist meine Tochter.‹ Mir hätte das nichts ausgemacht. Aber du hättest dich nicht auf diese Weise einmischen dürfen. Das war brutal und barbarisch. Statt mit mir zu reden, hast du mir einfach die Haare abgeschnitten.«

Von da an ließ mich mein Vater in Ruhe, denn er wusste, dass ihm meine Antwort gefährlich werden konnte.

Keiner erlaubt dem anderen, er selbst zu sein. Und diese Vorstellungen, wie man zu sein hat, sitzen so tief, dass ihr sie für eure eigenen haltet. Entspannt euch doch einfach! Vergesst alle diese Konditionierungen, lasst sie fallen wie welke Blätter, die von den Bäumen fallen. Es ist besser, wie ein kahler Baum ohne alle Blätter dazustehen, als Blätter und Laub und Blüten aus Plastik zu haben. Plastik ist hässlich.

Das ursprüngliche Gesicht bedeutet, dass du von keinerlei Moralvorstellungen dominiert wirst, dass nichts und niemand über dich bestimmt, weder die Religion noch die Gesellschaft, die Eltern, die Lehrer oder die Priester. Lasse dich im Leben nur von deinem inneren Gespür, von deiner eigenen Sensibilität leiten, dann trägst du dein ursprüngliches Gesicht.

Die Freude, gefährlich zu leben

Die Mutigen stürzen sich kopfüber ins Abenteuer.
Sie suchen bei jeder Gelegenheit die Gefahr.
Sie leben nicht nach der Lebensphilosophie der Versicherungsgesellschaften, sie leben nach der Lebensphilosophie der Bergsteiger, Fallschirmspringer und Surfer. Und sie surfen nicht nur auf den äußeren Meeren; sie surfen auch auf ihrem inneren Ozean.
Sie bezwingen nicht nur die Gipfel der Alpen und des Himalaja, sondern auch die Gipfel in ihrem Inneren.

Gefährlich zu leben heißt wirklich zu leben. Wenn man nicht gefährlich lebt, lebt man überhaupt nicht. Das Leben erblüht nur in der Gefahr. Das Leben erblüht nie in der Sicherheit; es erblüht nur in der Unsicherheit.

Sobald du anfängst dich abzusichern, wirst du zu einem stagnierenden Tümpel. Dann ist deine Energie nicht mehr im Fluss. Du hast Angst, denn du weißt nie, wie du dem Unbekannten begegnen sollst. Und warum solltest du dieses Risiko überhaupt auf dich nehmen? Das Bekannte ist sicherer.

Aber dann bleibst du auf das Vertraute fixiert. Du wirst es zwar bald leid und langweilst dich und bist unglücklich damit, aber es ist eben vertraut und bequem. Wenigstens weißt du, woran du bist. Das Unbekannte lässt dich erzittern. Beim bloßen Gedanken an das Unbekannte fühlst du dich unsicher.

Es gibt nur zwei Arten von Menschen auf der Welt: Die einen wollen ein bequemes Leben haben und steuern damit auf den Tod zu – auf ein bequemes Grab. Und die anderen wollen leben und entscheiden sich dafür, gefährlich zu leben, denn das Leben gedeiht nur, wenn man ein Wagnis eingeht.

Warst du schon mal klettern? Je höher du kletterst, umso frischer und jünger fühlst du dich. Je größer das Risiko des Absturzes, je tiefer der Abgrund neben dir, umso lebendiger wirst du. Dort zwischen Leben und Tod gibt es keine Langeweile, denn dort ist kein Staub der Vergangenheit und kein Verlangen nach der Zukunft. Dort gibt es nur den gegenwärtigen Augenblick, ganz prägnant, wie eine Flamme. Er ist sich selbst genug – du lebst im Hier und Jetzt. Wie beim Surfen, beim Skifahren, beim Fallschirmspringen ... Überall dort, wo du in Gefahr bist, dein Leben zu verlieren, verspürst du eine große Freude, fühlst du dich lebendig. Darum fühlen sich so viele Menschen zu gefährlichen Sportarten hingezogen.

Viele gehen Bergsteigen ... Edmund Hillary wurde einmal gefragt: »Warum wollten Sie unbedingt den Mount Everest besteigen?« Und Hillary sagte: »Weil er da steht und eine ständige Herausforderung ist.« Es war riskant. Viele Bergsteiger sind dort schon gestorben. Seit sechzig oder siebzig Jahren haben immer wieder Gruppen den Aufstieg gewagt – und es war ein Spiel mit dem Tod, dennoch haben sie sich aufgemacht. Worin bestand der Reiz?

Je höher du steigst, je weiter du dich von der abgesicherten Routine des Leben entfernst, umso mehr wirst du wieder zu einem Wilden. Du kommst den Tieren wieder näher, du bist wie ein Tiger oder ein Löwe oder wie ein Fluss. Du steigst wie ein Vogel in den Himmel empor, immer höher und höher. Und jeden Augenblick lässt du mehr los – alle deine Sicherheiten, deine Bankkonten, Ehefrau, Ehemann, Familie, Gesellschaft, Kirche, Ansehen – das alles lässt du Stück für Stück hinter dir, du entfernst dich immer weiter und weiter davon. Du bist allein.

Deswegen sind die Menschen so sehr am Sport interessiert. Aber auch das ist keine wirkliche Gefahr, weil man in allem große Übung bekommen kann. Man kann es erlernen, kann es trainieren. Das Risiko ist sozusagen kalkuliert. Man kann das Bergsteigen üben und alle nötigen Vorsichtsmaßnahmen treffen.

Oder nimm das Autofahren, den Rennsport. Du kannst mit zweihundert Sachen dahinbrausen; es ist gefährlich und aufregend. Aber du kannst darin so viel Übung bekommen, dass es nur noch von außen gefährlich aussieht, für dich nicht mehr. Das Risiko ist dann nur noch minimal. Und alle diese Gefahren betreffen ohnehin nur die physische Ebene; nur der Körper ist davon betroffen.

Wenn ich sage: »Lebe gefährlich!« – dann meine ich nicht nur das körperliche Risiko, sondern auch das psychologische Risiko und letztendlich das spirituelle Risiko.

Religiosität ist ein spirituelles Risiko. Man erklimmt Gipfel, von denen man vielleicht nie wieder zurückkommt. Buddha hat dafür den Ausdruck ›Anagamin‹ geprägt: jemand, der nicht mehr zurückkehrt. Es führt dich in solche Höhen, bis zu einem Punkt, an dem du nicht mehr umkehren kannst, an dem du ganz einfach verloren gehst und nicht mehr zurückkommst.

Wenn ich sage: »Lebe gefährlich!« – dann meine ich, dass du nicht ein normales, respektables, bürgerliches Leben leben sollst – als Bürgermeister, als Mitglied der Stadtverwaltung oder als Minister oder in einem guten Beruf, mit dem du einen Haufen Geld verdienst, das Bankkonto immer dicker wird und alles bestens läuft. Das ist nicht das Leben.

Achte einmal darauf, was geschieht, wenn alles bestens läuft: Du stirbst dabei und es passiert gar nichts mehr. Die Leute respektieren dich vielleicht und nach deinem Tod wird eine lange Prozession hinter deinem Leichnam hergehen, aber das ist auch schon alles. In der Presse wird man dein Foto veröffentlichen, es wird ein paar Nachrufe geben, aber dann wird man dich vergessen. Und dafür hast du dein ganzes Leben geopfert?

Wegen solcher gewöhnlichen, profanen Dinge kann man sein ganzes Leben verpassen. Spirituell zu sein bedeutet, solchen trivialen Dingen nicht allzu viel Bedeutung zu schenken. Ich sage nicht, dass sie völlig unwichtig sind. Sie sind wichtig, nur nicht so wichtig, wie du denkst.

Geld ist eine Notwendigkeit. Aber Geld ist nicht das Ziel, kann nicht das Ziel sein. Ein Dach über dem Kopf ist zweifellos notwendig, das ist ein Grundbedürfnis. Ich bin kein Asket und halte nichts davon, dass du dein Haus aufgibst und in den Himalaja abhaust. Ein Haus ist notwendig – aber nur, weil du eines brauchst. Verstehe das richtig!

Wenn ich mir die Menschen anschaue, dann sehe ich, dass alles durcheinander geraten ist. Sie leben, als wären sie für das Haus da – ihr Leben lang arbeiten sie für ihr Haus. Und sie horten immer mehr Geld, als wären sie für ihr Bankkonto da. Und schließlich sterben sie, ohne jemals wirklich gelebt zu haben! Sie haben nicht einen einzigen Augenblick pulsierenden, strömenden Lebens erlebt, sie waren immer nur eingesperrt in einem Gefängnis aus Sicherheit, Gewohnheit und Prestige.

Kein Wunder, dass sie sich langweilen! Die Leute kommen zu mir und klagen über Langweile. Sie haben von allem die Nase voll und fühlen sich in der Sackgasse. Was sollen sie tun? Und dann meinen sie, sie könnten allein schon durch das Wiederholen von Mantras wieder lebendig werden. Aber so einfach geht das nicht! Sie werden ihr ganzes Lebensmuster verändern müssen.

Liebe, aber verlasse dich nicht darauf, dass die Frau auch morgen noch da ist. Erwarte nichts von ihr. Reduziere sie nicht zu einer Ehefrau. Dann lebst du gefährlich. Reduziere den Mann nicht zu einem Ehemann, denn ein Ehemann ist etwas Hässliches. Achte darauf, dass dein Mann ein Mann bleibt und deine Frau eine Frau. Mache dein Morgen nicht zu etwas Vorhersehbarem.

Erwarte nichts und sei offen für alles. Das meine ich, wenn ich sage: »Lebe gefährlich!«

Aber was tun wir? Kaum verlieben wir uns in eine Frau, gehen wir schon zum Standesamt oder in die Kirche, um zu heiraten. Ich sage nicht, dass ihr nicht heiraten sollt, aber das ist nur eine Formalität, um der Gesellschaft Genüge zu tun. Das ist in Ordnung. Aber in deinem Innersten solltest du niemals von der Frau Besitz ergreifen. Sage nie auch nur einen Augenblick: »Du gehörst mir.« Wie könnte ein Mensch dir gehören? Und wenn du die Frau besitzt, wird sie auch dich besitzen. Dann ist keine Liebe mehr zwischen euch. Ihr erdrückt euch gegenseitig, ihr lähmt und tötet euch gegenseitig.

Liebe, aber lass deine Liebe nicht zu einer Ehe verkümmern.

Liebe, aber verlasse dich nicht darauf, dass die Frau auch morgen noch da ist. Erwarte nichts von ihr. Reduziere sie nicht zu einer Ehefrau. Dann lebst du gefährlich.

Arbeite, denn Arbeit ist nötig, aber lass die Arbeit nicht zu deinem ganzen Lebensinhalt werden. Dein Lebensinhalt sollte das Spiel sein, das Spiel sollte im Zentrum deines Lebens stehen. Die Arbeit sollte nur ein Mittel sein, um spielen zu können. Arbeite im Büro, arbeite in der Fabrik, arbeite im Geschäft, aber nur, um danach auch Zeit und Gelegenheit zum Spielen zu haben. Lass dein Leben nicht zur reinen Arbeitsroutine werden, denn das Ziel des Lebens ist Spiel. Spiel bedeutet, etwas um seiner selbst willen zu tun.

Wenn du viele Dinge um ihrer selbst willen genießt, wirst du lebendiger. Natürlich wird dein Leben immer ein Risiko, ein Wagnis bleiben. Aber so muss es auch sein, denn Risiko gehört zum Leben. In der Tat liegt der bessere Teil des Lebens im Risiko. Ja, das Beste im Leben, das Schönste im Leben ist immer riskant. In jedem Augenblick ist das Leben ein Risiko, ob du dir dessen bewusst bist oder nicht. Selbst das Einatmen und Ausatmen – es ist ein Risiko. Du atmest aus, doch wer weiß, ob der Atem zurückkommt? Es ist nicht sicher, dafür gibt es keine Garantie.

Aber manche Leute machen aus ihrer Religion eine Versicherung. Wenn sie von Gott reden, reden sie so, als wäre er die beste Versicherung. Wenn sie an Gott denken, dann nur, weil sie Angst haben. Wenn sie beten und meditieren, dann nur, um auf Gottes Tugendkonto gut angeschrieben zu sein. »Wenn es einen Gott gibt, dann wird er wissen, dass ich regelmäßig in die Kirche gegangen bin, dass ich regelmäßig gebetet habe. Das kann ich beweisen.« Selbst ihre Gebete sind nur Mittel zum Zweck.

Gefährlich zu leben bedeutet, das Leben so zu leben, als wäre jeder Augenblick sich selbst genug. Jeder Augenblick hat seinen eigenen Wert. Wenn du so lebst, hast du keine Angst. Du weißt, dass der Tod jederzeit präsent ist, und du akzeptierst diese Tatsache und versteckst dich nicht davor. Im Gegenteil, du suchst sogar die Konfrontation mit dem Tod. Du genießt jene Augenblicke, in denen du dem Tod ins Auge siehst – physisch, psychisch und spirituell.

Diese Augenblicke zu genießen, in denen du mit dem Tod unmittelbar in Kontakt kommst, in denen der Tod fast zur Realität wird – das meine ich, wenn ich sage: »Lebe gefährlich!«

Die Mutigen stürzen sich kopfüber ins Abenteuer. Sie suchen bei jeder Gelegenheit die Gefahr. Sie leben nicht nach der Lebensphilosophie der Versicherungsgesellschaften, sie leben nach der Lebensphilosophie der Bergsteiger, Fallschirmspringer und Surfer. Und sie surfen nicht nur auf den äußeren Meeren; sie surfen auch auf ihrem inneren Ozean. Sie bezwingen nicht nur die Gipfel der Alpen und des Himalaja, sondern auch die Gipfel in ihrem Inneren.

Verlerne nie die Kunst, ein Risiko einzugehen. Bleibe immer fähig, etwas zu riskieren. Und sooft sich eine Gelegenheit dazu bietet, lass sie dir nicht entgehen. Dann wirst du niemals zum Verlierer werden.

Das Wagnis ist die einzige Garantie für wahre Lebendigkeit.

Was du auch tust, das Leben bleibt ein Geheimnis

Der Verstand kann nur schwer akzeptieren, dass es etwas gibt, was man nicht erklären kann. Er hat einen ziemlich verrückten Drang, alles zu erklären – und wenn nicht zu erklären, dann wenigstens wegzuerklären! Alles, was ein Rätsel bleibt, ein Paradox bleibt, macht dem Verstand sehr zu schaffen.

Alle Philosophie, alle Religion, alle Wissenschaft und Mathematik hat den gleichen Ursprung. Sie beruhen auf der gleichen Denkweise, dem gleichen Juckreiz. Der eine kratzt sich auf diese Art und der andere auf jene Art, doch eigentlich geht es darum, den Juckreiz zu verstehen. Dieser Juckreiz ist die Überzeugung, dass die Existenz kein Geheimnis ist. Der Verstand fühlt sich erst dann wohl, wenn die Existenz irgendwie entmystifiziert ist.

Der Religion ist das gelungen, indem sie Gott, den Heiligen Geist und den eingeborenen Sohn geschaffen hat. Unterschiedliche Religionen haben unterschiedliche Methoden erfunden, doch alle versuchen sie damit ein Loch zu füllen, das sich nicht füllen lässt. Was du auch anstellen magst, das Loch ist da. Allein schon dein Bemühen, es zu füllen, zeigt, dass du fürchtest, jemand könnte dieses Loch sehen.

In der gesamten Geschichte des menschlichen Verstandes mit all den verschiedenen Wissensgebieten ging es immer nur darum, dieses Loch zu verbergen – besonders in der Mathematik, denn Mathematik ist nur ein Gedankenspiel. Es gibt Mathematiker, die glauben, sie sei mehr als ein Gedankenspiel, genauso wie es Theologen gibt, die denken, dass Gott eine Realität sei. Gott ist nur eine Vorstellung. Wenn Pferde Vorstellungskraft hätten, wäre ihr Gott bestimmt ein Pferd. Ganz sicher wäre er kein Mensch, denn der Mensch ist so grausam zu den Pferden gewesen, dass sie sich den Menschen nur als Teufel, aber nicht als Gott vorstellen könnten. Jedes Tier würde dann seine eigene Vorstellung von Gott haben, genauso wie jede menschliche Rasse ihre eigene Vorstellung hat.

Vorstellungen sind nichts anderes als Lückenfüller für die Stellen, wo das Leben geheimnisvoll ist, wo es sich nicht so einfach erklären lässt. Diese Lücken füllst du mit Vorstellungen aus. Dann bist du zufrieden, dass es für alles im Leben eine Erklärung gibt.

Überall da, wo das Leben geheimnisvoll ist und man auf Lücken stößt, die sich nicht erklären lassen, hat man Ersatzvorstellungen geschaffen. Die Leute haben versucht, das Leben zu ›ver-stehen‹, indem sie drüber stehen. Dann haben sie das Leben unter ihren Füßen und erklären: »Wir sind die Meister. Jetzt gibt es nichts, das wir nicht verstanden haben.« Aber das ist nicht möglich. Das Leben ist ein Geheimnis und wird ein Geheimnis bleiben, was immer du auch tust.

Das Jenseits ist überall, wir sind davon umgeben. Gott ist nichts anderes als dieses Jenseits und dorthin müssen wir vordringen. Es ist innen, es ist außen, es ist immer gegenwärtig. Und wenn du es vergisst, was wir normalerweise tun, weil es sehr anstrengend und unbequem ist, das Jenseitige zu sehen … Es ist, als würdest du in einen Abgrund schauen, du fängst an zu zittern und dir wird schwindlig. Schon wenn du um den Abgrund weißt, beginnst du zu zittern. Niemand will in den Abgrund schauen; wir schauen immer in die andere Richtung, wir gehen der Wirklichkeit aus dem Weg. Die Wirklichkeit ist wie ein Abgrund, denn da ist eine große Leere, da ist ein unermesslicher Himmel ohne Grenzen. Buddha sagt: Durangama – sei offen für das Jenseitige. Beschränke dich niemals auf die Grenzen, gehe immer darüber hinaus. Setze nur Grenzen, wenn du sie brauchst, und denke immer daran, dass du über sie hinausgehen musst. Lass sie dir nicht zum Gefängnis werden.

Wir machen alles Mögliche zum Gefängnis: unsere Beziehungen, den Glauben, die Religion. Das sind alles Gefängnisse. Man fühlt sich behaglich, weil keine rauen Winde dorthin vordringen. Sie bieten Schutz – auch wenn es ein falscher Schutz ist, denn eines Tages kommt der Tod und zerrt dich ins Jenseits. Ehe der Tod kommt und dich ins Jenseits befördert, gehe lieber selbst dorthin.

Eine Geschichte:

Ein Zen-Mönch lag im Sterben. Er war schon sehr alt, neunzig Jahre alt. Plötzlich öffnete er noch einmal die Augen und fragte: »Wo sind meine Schuhe?«

Sein Schüler antwortete: »Wo willst du hin? Bist du verrückt geworden? Du stirbst. Der Arzt hat gesagt, es ist vorbei, du hast nur noch ein paar Minuten zu leben.«

Der Mönch sagte: »Deshalb möchte ich ja meine Schuhe haben. Ich will lieber selbst zum Friedhof gehen, anstatt von euch dorthin geschleppt zu werden. Ich will selber gehen und den Tod dort treffen. Ich lasse mich nirgends hinschleppen. Ihr kennt mich doch – ich habe mich nie auf jemanden gestützt. Nein, das wäre hässlich, wenn vier Leute mich tragen würden.«

Also ging er selbst zum Friedhof. Und nicht nur das, er hob auch selbst sein Grab aus, legte sich hinein und starb. Solch ein Mut, das Unbekannte anzunehmen, solch ein Mut, selbst auf das Jenseits zuzugehen und es willkommen zu heißen! Dann wird der Tod transformiert, dann ist der Tod kein Tod mehr. Wer so mutig ist, stirbt nicht, er besiegt den Tod. Wer so mutig ist, geht über den Tod hinaus. Für jemanden, der selbst ins Jenseits geht, ist das Jenseits niemals ein Tod. Es wird zu einem Willkommen. Denn wenn du das Jenseits willkommen heißt, heißt es auch dich willkommen. Das Jenseits ist stets ein Echo.

Das Leben ist immer ein Wagnis

Das Ego umgibt dich wie eine Mauer. Es suggeriert dir, dass es dich auf diese Weise schützt. Das ist die große Verführungskunst des Egos. Es sagt dir immer und immer wieder: »Wenn ich nicht da bin, bist du ohne Schutz, bist du zu verletzbar, und das ist viel zu riskant. Deshalb will ich dich beschützen, dich umschließen.«

Es ist richtig, dass im Ego ein gewisser Schutz liegt, doch die Mauer wird auch zu deinem Gefängnis. Es beschützt dich auf eine gewisse Weise, sonst würde niemand das Elend auf sich nehmen, das das Ego mit sich bringt. Es schützt dich vor Feinden, aber gleichzeitig schirmt es dich auch vor Freunden ab.

Es ist, als wenn du aus Angst vor dem Feind deine Tür verschließt und dich dahinter versteckst. Und wenn ein Freund kommt, findet er die Tür verschlossen und kann nicht eintreten. Wenn du zu viel Angst vor dem Feind hast, kann auch der Freund nicht eintreten. Und wenn du dem Freund die Tür öffnest, nimmst du das Risiko in Kauf, dass auch der Feind hereinschlüpft.

Das ist eines der größten Probleme im Leben und will sehr genau überlegt sein. Nur ganz wenige wirklich mutige Menschen gehen es richtig an. Die meisten verstecken sich feige und verpfuschen sich so ihr ganzes Leben.

Das Leben ist ein Wagnis, der Tod ist keins. Stirb und du bist alle Sorgen los. Keiner kann kommen und dich töten – wie denn, wenn du schon tot bist? Lege dich ins Grab und basta! Dann ist endlich Schluss mit Krankheiten, Sorgen und Problemen. Du bist alle Probleme los.

Doch wenn du lebst, tauchen Millionen von Problemen auf. Je lebendiger ein Mensch ist, desto mehr Probleme tauchen auf. Und das ist auch gut so. Denn indem du dich mit

Problemen herumschlägst, indem du dich den Herausforderungen stellst, kannst du wachsen.

Das Ego ist eine subtile Mauer um dich herum. Es erlaubt keinem, in dich einzutreten. Du fühlst dich geborgen und sicher, doch diese Sicherheit ist dem Tod ähnlich. Es ist die Sicherheit der Pflanze, solange sie im Samenkorn ruht. Sie fürchtet sich davor zu sprießen, denn wer weiß? Die Welt ist voller Gefahren und ein junges Pflänzchen ist so zart, so zerbrechlich. Hinter der Schale des Samens, versteckt in seiner Hülle, fühlt es sich geborgen.

Oder nimm ein kleines Kind im Mutterschoß. Alles Nötige ist vorhanden, alle seine Bedürfnisse werden sofort befriedigt. Es gibt keine Angst, keinen Kampf, keine Zukunft. Das Kind lebt selig vor sich hin. Jedes Bedürfnis wird von der Mutter gestillt.

Aber möchtet ihr für immer im Schoß eurer Mutter bleiben? Er bietet sehr viel Schutz. Doch wenn ihr die Wahl hättet, würdet ihr euch entschließen, für immer drin zu bleiben? Es ist sehr bequem dort. Etwas Bequemeres kann man sich gar nicht vorstellen. Die Wissenschaftler sagen, dass es bis jetzt noch nicht gelungen ist, etwas herzustellen, das noch bequemer als der Mutterschoß wäre. Er scheint ein Maximum an Komfort zu bieten. So angenehm! Da gibt es keine Angst, keine Probleme, keine Arbeit ist zu erledigen – nur reine Existenz. Und sobald ein Bedürfnis aufkommt, wird alles Nötige automatisch geliefert. Man muss sich nicht einmal die Mühe machen zu atmen, auch das erledigt die Mutter für das Kind. Und auch ums Essen braucht man sich nicht zu kümmern – die Mutter isst für das Kind mit.

Aber möchtest du ewig im Mutterschoß bleiben? Sicher, es ist bequem dort, aber es ist nicht das Leben. Das Leben findet dort draußen im Freien statt, im Wagnis!

Je lebendiger ein Mensch ist, desto mehr Probleme tauchen auf. Und das ist auch gut so. Denn indem du dich mit Problemen herumschlägst, indem du dich den Herausforderungen stellst, kannst du wachsen.

Das Wort ›Ekstase‹ ist sehr bedeutsam. Es bedeutet ›draußen stehen‹. Ekstase bedeutet hinauszutreten – aus allen Schalen und Schutzschichten, aus allen Egos und Bequemlichkeiten, aus all den toten Mauern. Ekstatisch sein heißt hinausgehen, ins Freie treten, in Bewegung bleiben, dich entwickeln und dabei verletzbar und durchlässig sein, sodass die Winde durch dich hindurch wehen können.

Manchmal verwenden wir für ein Geschehnis den Ausdruck ›herausragend‹. Genau das ist die Bedeutung von Ekstase: ›herausragend‹.

Wenn ein Samenkorn keimt und die darin verborgene Energie sich manifestiert, wenn ein Kind geboren wird, den Schoß mit all seinen Annehmlichkeiten und all seinem Komfort zurücklässt und sich in die unbekannte Welt hinausbegibt, dann ist das Ekstase. Wenn ein Vogeljunges die Eierschale zerbricht und zum Himmel fliegt, so ist das Ekstase.

Das Ego ist das Ei und du musst es verlassen, musst heraustreten. Sei ekstatisch! Befreie dich von allen Schutzschichten und Schalen und Sicherheiten. Dann wird die Welt sich dir öffnen, dann trittst du ins Weite, ins Unendliche. Nur dann lebst du wirklich, nur dann hast du Leben im Überfluss.

Doch die Angst macht dich zum Krüppel. Auch ein Kind wird wohl zögern, bevor es den Schoß verlässt. Soll es da wirklich hinaus? Sein oder Nichtsein …? Es macht wohl einen Schritt vorwärts und dann wieder einen zurück –

vielleicht durchleidet die Mutter nur deshalb so viele Schmerzen. Noch zögert das Kind, noch ist es nicht ganz bereit, ekstatisch zu sein. Die Vergangenheit hält es zurück, die Zukunft zieht es vorwärts. Das Kind ist gespalten.

Das ist die Mauer der Unschlüssigkeit, des Festhaltens am Vergangenen, des Festhaltens am Ego. Du nimmst diese Mauer überallhin mit. Hin und wieder, in ganz seltenen Augenblicken, wenn du sehr lebendig und wach bist, kannst du sie sehen. Es ist eine sehr durchsichtige Mauer. Die meiste Zeit siehst du sie nicht. Du kannst ein ganzes Leben verbringen – und nicht nur eines, sondern viele Leben –, ohne gewahr zu werden, dass du in einer Zelle lebst, von allem abgeschlossen, ohne Fenster, ohne Türen – eine Monade, wie Leibnitz es genannt hat. Da drin bist du eingesperrt. Aber die Mauern sind durchsichtig, sie sind aus Glas.

Lasse dieses Ego fallen. Sei mutig und lasse es auf dem Boden zerschellen. Doch die Menschen geben ihm auf millionenfache Weise immer wieder Nahrung und wissen nicht, dass sie damit ihre eigene Hölle nähren.

Mrs. Cochrane stand am Sarg ihres verstorbenen Gatten und neben ihr stand ihr Sohn. Nacheinander schritten die Trauergäste an ihnen vorbei.

»Jetzt hat sein Leiden ein Ende«, sagte Mrs. Croy. »Woran ist er denn gestorben?«

»Der Ärmste starb an Gonorrhöe«, meinte Mrs. Cochrane.

Eine andere Frau sah mild auf den Leichnam. »Jetzt hat er es überstanden. Er hat ein heiteres Lächeln im Gesicht«, sagte sie. »Woran ist er gestorben?«

»Er starb an Gonorrhöe«, sagte die Witwe.

Da zog der Sohn seine Mutter beiseite. »Mama«, sagte er, »wie kannst du nur so etwas Schreckliches über Paps sagen? Er ist doch an Diarrhöe gestorben, nicht an Gonorrhöe!«

»Ich weiß«, sagte Mrs. Cochrane. »Aber es wäre mir lieber, wenn sie glauben, er sei ein ganzer Kerl gewesen und nicht der Hosenscheißer, der er war.«

So spielen alle ihre Spielchen bis zum bitteren Ende.

Das Ego erlaubt dir nicht, echt zu sein. Es zwingt dich ständig zur Falschheit. Das Ego ist eine einzige Lüge. Doch darauf musst du selber kommen. Das erfordert viel Mut, denn mit dem Ego geht alles in die Brüche, was du bis jetzt gehegt und gepflegt hast. Deine ganze Vergangenheit geht in die Brüche. Mit dem Ego gehst auch du in die Brüche. Gewiss, jemand wird da sein, aber nicht derjenige, der du jetzt bist. Ein neues Wesen wird in dir erblühen, das nicht damit zusammenhängt – frisch und nicht verdorben von der Vergangenheit. Dann ist keine Mauer mehr da. Dann wirst du, wo immer du auch bist, das Unendliche ohne alle Grenzen sehen.

Der alte Mann betrat seine Lieblingsbar und sah zu seiner Verblüffung eine neue Bardame hinter der Theke stehen. Galant sagte er zu ihr: »Sie sind das hübscheste Mädchen, das ich seit langem gesehen habe.«

Die Neue warf hochmütig den Kopf zurück und meinte bissig: »Dieses Kompliment kann ich leider nicht zurückgeben.«

»Nun, meine Liebe«, antwortete der alte Mann gelassen, »Sie hätten es so wie ich machen und ein wenig schummeln können.«

Alle eure Formalitäten sind nichts anderes als gegenseitige Gefälligkeiten für euer Ego. Sie sind ein Riesenschwindel. Du sagst dem anderen etwas Nettes und er gibt dir das Kompliment zurück. Keiner von euch beiden sagt die Wahrheit. Wir spielen dieses Spiel endlos weiter – Etikette, Formalitäten, zivilisiertes Benehmen, Masken …

Und dann ist diese Mauer da und allmählich wird sie so dick, dass du nichts mehr sehen kannst. Die Mauer um dich wird jeden Tag dicker. Verliere also keine Zeit mehr. Sobald dir klar geworden ist, dass du dich mit einer Mauer umgibst, tu etwas. Spring hinaus! Es braucht nur den Entschluss, hinauszuspringen, sonst nichts. Und dann gib ihr von nun an keine Nahrung mehr. Jedes Mal, wenn du merkst, dass du sie wieder nährst, hör auf damit. Schon nach wenigen Tagen wirst du sehen, dass sie sich aufgelöst hat, denn sie braucht deine ständige Unterstützung, sie braucht jemanden, der sie nährt.

Lasse dieses Ego fallen. Sei mutig und lasse es auf dem Boden zerschellen. Doch die Menschen geben ihm auf millionenfache Weise immer wieder Nahrung und wissen nicht, dass sie damit ihre eigene Hölle nähren.

Der höchste Mut: Kein Anfang und kein Ende

Es gibt vielerlei Ängste, doch im Grunde sind sie alle nur Abkömmlinge einer einzigen Angst, Zweige eines einzigen Baumes. Der Name dieses Baumes ist Tod. Viele deiner Ängste scheinen auf den ersten Blick nichts mit dem Tod zu tun zu haben, aber jede Angst betrifft letztlich den Tod.

Angst ist nur ein Schatten. Wenn du Angst hast, Bankrott zu gehen, mag dir nicht bewusst sein, dass du in Wirklichkeit Angst hast, ohne Geld dem Tod schutzloser ausgeliefert zu sein. Die Menschen machen sich immer vor, Geld könne sie vor dem Tod schützen, obwohl sie doch ganz genau wissen, dass man sich in keiner Weise davor schützen kann. Trotzdem muss etwas dagegen unternommen werden! Wenigstens hält dich das beschäftigt. Geschäftigkeit ist eine Form von Unbewusstheit, eine Art Droge.

Genauso wie es Alkoholiker gibt, gibt es deshalb auch Workoholiker, Arbeitssüchtige. Sie halten sich dauernd mit etwas beschäftigt, sie können nicht aufhören zu arbeiten. Freie Tage sind schrecklich für sie. Dann lesen sie möglicherweise die gleiche Zeitung, die sie am Morgen bereits dreimal gelesen haben, noch ein viertes Mal. Sie müssen etwas zu tun haben, denn das sorgt für einen Vorhang zwischen ihnen und dem Tod. Im Endeffekt ist jede Angst nur die Angst vor dem Tod.

Es ist wichtig zu erkennen, dass alle anderen Ängste nur Ableger sind, denn wenn du die wahren Wurzeln kennst, lässt sich etwas unternehmen. Wenn der Tod die grundlegende, die fundamentale Wurzel der Angst ist, kann dir nur eins diese Angst nehmen: die innere Erfahrung eines unsterblichen Bewusstseins. Nur tiefe Meditation kann dich gegen den Tod wappnen, nichts anderes – weder Geld noch Macht noch Ansehen. Tiefe Meditation offenbart dir, dass dein Körper sterben wird, dass dein Geist sterben wird, dass du jedoch jenseits von dieser Körper-Geist-Struktur existierst. Dein Wesenskern, deine essenzielle Lebenskraft war schon vor dir da und wird nach dir weiterbestehen. Sie hat sich schon in vielen Formen manifestiert, sie hat sich durch viele Formen hindurch weiterentwickelt. Doch sie ist nie verschwunden und wird auch nie verschwinden, vom Anfang bis zum Ende nicht, wenn es überhaupt je einen Anfang gegeben hat oder ein Ende geben wird.

Ich glaube weder an einen Anfang noch an ein Ende. Die Existenz ist ohne Anfang und ohne Ende. Sie war schon immer und auch du warst schon immer. Die Form mag sich dabei verändert haben, aber das tut sie ja auch in diesem Leben.

Am ersten Tag, als du in den Schoß deiner Mutter gelangt bist, warst du nicht größer als ein Punkt unter einem Fragezeichen. Wenn du ein Foto von damals von dir sehen könntest, würdest du dich nicht erkennen. Und davor ...

Zwei Freunde stritten sich, wessen Erinnerung weiter in die Kindheit zurückreichte. Der eine konnte sich an eine Zeit erinnern, als er etwa drei Jahre alt war. »Das ist doch noch gar nichts«, meinte der andere. »Ich erinnere mich an den Tag, als meine Mutter und mein Vater einen Picknickausflug machten. Vor dem Picknick war ich in meinem Vater und als wir vom Picknick zurückkamen, war ich in meiner Mutter.«

Würdest du dich wiedererkennen, so wie du damals warst, in deinem Vater? Man könnte dir ein Foto zeigen, eine Vergrößerung, damit du es mit eigenen Augen sehen kannst, aber du würdest dich nicht erkennen. Und doch ist es dieselbe Lebensform, derselbe Lebensquell, der gerade jetzt in dir pulsiert.

Du veränderst dich jeden Tag. Du würdest auch nicht wiedererkennen, wie du aussahst, als du gerade geboren wurdest, als du gerade erst einen Tag alt warst. Du würdest sagen: »Mein Gott! Das bin ich?« Alles verändert sich. Du wirst alt werden, die Jugendzeit wird vorübergehen. Deine Kindheit ist schon längst vergangen, jetzt naht der Tod. Doch er betrifft nur die Form, nicht die Essenz. Was sich dein Leben lang verändert hat, war nur die Form.

Deine Form verändert sich jeden Augenblick. Und der Tod ist nichts anderes als eine Veränderung – eine elementare, umfassende, etwas schnellere Veränderung. Von der Kindheit bis zur Jugend ... du weißt nicht, wann deine Kindheit zu Ende ging und deine Jugendzeit begann. Von der Jugend bis zum hohen Alter ... alles verläuft so kontinuierlich, dass du dir nie bewusst wirst, an welchem Datum, an welchem Tag, in welchem Jahr deine Jugend sich von dir verabschiedete. Die Veränderung geht ganz kontinuierlich und langsam vor sich.

Der Tod ist ein Quantensprung von einem Körper, von einer Form, in eine andere Form. Aber er bedeutet nicht dein Ende.

Du wurdest nie geboren und du stirbst nie. Du bist immer da. Formen kommen und gehen, der Fluss des Lebens geht weiter. Die Angst vor dem Tod wird dich erst verlassen, wenn du das selber erfährst. Und nur Meditation kann dir dabei helfen.

Es nützt dir nichts, wenn ich es dir sage, wenn alle Schriften es dir sagen. Es bleibt immer ein Rest von Zweifel bestehen. Wer weiß, vielleicht haben diese Leute alle gelogen oder sind selber von anderen Schriften oder anderen Lehrern getäuscht worden. Und solange ein Zweifel bestehen bleibt, bleibt auch die Angst bestehen.

Meditation konfrontiert dich mit der Wirklichkeit. Und wenn du erst einmal aus eigener Erfahrung weißt, was

Leben ist, wirst du dir um den Tod keine Gedanken mehr machen.

Du kannst über ihn hinausgehen. Das liegt in deiner Macht und steht dir zu. Doch du wirst dafür die kleine Anstrengung auf dich nehmen müssen, vom Denken zum Nicht-Denken zu gelangen.

Der Tod ist ein Quantensprung von einem Körper, von einer Form, in eine andere Form. Aber er bedeutet nicht dein Ende. Du wurdest nie geboren und du stirbst nie. Du bist immer da.

Ihr glaubt, das Leben eines Kindes beginne bei seiner Geburt, doch das stimmt nicht. Ihr glaubt, das Leben eines alten Mannes ende mit seinem Tod, doch auch das ist nicht richtig. Das Leben ist viel umfassender als Geburt und Tod. Geburt und Tod sind nicht die zwei Enden des Lebens. Im Leben erfolgen viele Geburten und viele Tode. Das Leben selbst hat weder einen Anfang noch ein Ende: Leben und Ewigkeit sind gleichbedeutend. Doch es fällt euch nicht leicht zu verstehen, wie sich Leben in Tod verwandeln kann – allein die Vorstellung ist unmöglich.

In dieser Welt gibt es ein paar Dinge, die sich nicht begreifen lassen. Zu ihnen gehört die Vorstellung, wie sich Leben in Tod verwandelt. An welchem Punkt ist es nicht mehr Leben, wann wird es Tod? Wo zieht man die Grenze?

Ebensowenig lässt sich die Grenze für den Beginn des Lebens festlegen. Beginnt es bei der Geburt oder schon bei der Empfängnis? Doch das Ei der Mutter war schon vor der Empfängnis lebendig und auch der Samen des Vaters war lebendig – sie waren nicht tot, denn aus dem Zusammentreffen zweier toter Dinge kann kein Leben entstehen. Zu welchem Zeitpunkt erhält das Kind also das Leben? Die Wissenschaft hat sich da bisher nicht festlegen können. Es lässt sich auch gar nicht entscheiden.

Die Eier, die die Mutter in ihrem Schoß trägt, sind schon seit ihrer Geburt vorhanden. Du musst also anerkennen, dass die Hälfte deines Seins schon lange vor deiner Empfängnis in deiner Mutter lebendig ist und dass auch die andere Hälfte, die dein Vater beisteuert, lebendig sein muss – wenn die Spermien den Körper deines Vaters verlassen, sind sie lebendig. Aber sie haben kein langes Leben vor sich, sie leben nur noch zwei Stunden. In diesen zwei Stunden müssen sie auf das Ei der Mutter treffen. Wenn sie es nicht innerhalb von zwei Stunden schaffen, wenn sie nur herumgammeln …

Jedes Spermium hat mit Sicherheit sein eigenes charakteristisches Wesen. Es gibt ein paar Faulpelze darunter, die bloß einen kleinen Morgenspaziergang machen, während alle anderen zum Ei hinspurten. So schaffen sie es natürlich nie, aber was soll's? Dieser Charakterzug besteht schon seit ihrer Geburt: Lieber würden sie sterben, als sich unnötig zu beeilen. Und sie haben auch gar keine Ahnung, worum es hier eigentlich geht. Aber ein paar von den Jungs sind olympiareife Sprinter und legen gleich los. Es herrscht ein riesiges Gedränge. Da rennen nicht bloß ein paar hundert Zellen zu dem einzigen Ei der Mutter … Der Mutterschoß hat ein Reservoir mit einer begrenzten Zahl von Eiern und setzt jeden Monat nur ein einziges Ei frei. Daher kommt auch die monatliche Menstruation.

Jeden Monat wird also ein Ei freigesetzt, doch aus der ganzen Meute mit Millionen von Spermien schafft es nur ein Einziger. Das ist biologisch geregelt, erzeugt jedoch ein kompliziertes philosophisches Problem, weil aus diesen Millionen von kleinen Persönlichkeiten nur ein einziger Mensch geboren werden kann. Wer waren denn alle die anderen Millionen, die es nicht schafften, ins Ei der Mutter zu gelangen? Genau das wurde in Indien von Hindu-Gelehrten, von Pundits und Shankaracharyas als ein Argument gegen die Geburtenkontrolle benutzt.

In Indien argumentiert man sehr schlau. Auch der Papst wettert dauernd gegen die Geburtenkontrolle, hat aber kein einziges stichhaltiges Argument dagegen entwickelt. Seine indischen Gesinnungsgenossen haben sich wenigstens ein paar sehr solide aussehende Argumente ausgedacht. Eines davon lautet: »Zu welchem Zeitpunkt soll man aufhören, Kinder zu zeugen? Nach zwei Kindern? Nach drei? Es heißt, Rabindranath Tagore sei das dreizehnte Kind seiner Eltern gewesen. Hätten sie Geburtenkontrolle praktiziert, hätte es keinen Rabindranath Tagore gegeben.«

Auf den ersten Blick scheint dieses Argument sinnvoll, denn Geburtenkontrolle heißt, nach zwei Kindern aufzuhören – oder spätestens nach drei, weil ja doch ein gewisses Risiko besteht, dass eines stirbt oder sonst etwas mit ihm passiert. Du kannst also zwei Kinder produzieren, die dich und deine Frau ersetzen, ohne dass ein Bevölkerungszuwachs erfolgt. Rabindranath war jedoch das dreizehnte Kind. Selbst wenn seine Eltern erst nach dem zwölften verhütet hätten, hätte Rabindranath den Zug verpasst. Und wie viele Rabindranaths verpassen so ihren Zug?

Ich diskutierte mit einem der Shankaracharyas darüber. Ich sagte zu ihm: »Also gut! Nehmen wir einmal an, das sei wirklich so und wir hätten keinen Rabindranath Tagore.

Aber ich bin bereit, auf ihn zu verzichten, wenn dafür das ganze Land in Frieden leben kann und genug zu essen und genug Kleider hat. Wenn alle ihre Grundbedürfnisse befriedigen können, ist es mir das wert. Ein Rabindranath Tagore weniger fällt da nicht sehr ins Gewicht. Man muss das im Zusammenhang sehen: Sollen Millionen von Menschen sterben und hungern, nur um einen Rabindranath Tagore zu produzieren? Sind Sie der Meinung, alle Eltern sollten bis dreizehn gehen? Und was ist mit dem Vierzehnten? Und dem Fünfzehnten?«

Und das sind nur kleine Zahlen. In Wirklichkeit setzt der Mann bei jedem Liebesakt Millionen von Spermien frei. Nicht jedes Mal wird dabei ein Kind gezeugt. Bei jedem Geschlechtsverkehr verschwinden also einfach Millionen von Menschen. Wir werden nie wissen, wie viele Nobelpreisträger darunter waren, wie viele Präsidenten und Premierminister … Wer weiß, was der Welt da verloren ging?

Wenn ein Mann ein ganz normales Liebesleben führt, wird er nach meiner Berechnung zwischen seinem vierzehnten und seinem vierzigsten Lebensjahr fast ebenso viele Spermien ausschütten wie die gesamte Weltbevölkerung zählt. Ein einziger Mann kann die ganze Welt bevölkern beziehungsweise überbevölkern, da sie ja bereits überfüllt ist. Und all diese Leute wären einzigartige Individuen und hätten außer ihrem Menschsein nichts gemeinsam.

Nein, das Leben beginnt auch nicht an diesem Punkt. Sein Anfang liegt noch weiter zurück. Für dich ist das bis jetzt nur eine Hypothese; für mich jedoch ist es eine Erfahrung. Dein jetziges Leben beginnt zum Zeitpunkt deines Todes in deinem vergangenen Leben. Wenn man stirbt, wird ein Kapitel des Lebens beendet. Die Leute halten es für ihr ganzes Leben, obwohl es nur ein Kapitel in einem

Buch mit unendlich vielen Kapiteln war. Ein Kapitel geht zu Ende, doch das Buch ist deshalb noch längst nicht beendet. Wende die Seite um und ein neues Kapitel beginnt!

Im Sterben beginnt man sein nächstes Leben zu visualisieren. Das ist eine bekannte Tatsache, denn das geschieht, noch bevor das Kapitel schließt. Hin und wieder kommt jemand von diesem allerletzten Punkt zurück. Jemand war vielleicht am Ertrinken und wurde in letzter Sekunde gerettet. Er lag schon beinahe im Koma, man musste seine Lungen vom Wasser entleeren, man musste ihn künstlich beatmen und so wurde er schließlich gerettet. Er war gerade dabei, das Kapitel abzuschließen. Solche Menschen haben interessante Tatsachen zu berichten.

Unter anderem spulte sich in diesen letzten Augenblicken kurz vor dem Tod, kurz vor dem Ende, wie auf einen Schlag ihre ganze Vergangenheit vor ihnen ab, von der Geburt bis zur Gegenwart. In Sekundenbruchteilen sahen sie alles, was ihnen je widerfahren war, ob sie sich nun bewusst daran erinnern konnten oder nicht. Vieles, was sie gar nicht richtig wahrgenommen hatten und dessen sie sich überhaupt nicht bewusst waren, war in ihrem Gedächtnis gespeichert. Dieser ganze Erinnerungsfilm läuft blitzschnell ab. Er kann nur Sekundenbruchteile dauern, denn im Augenblick des Todes hat man keine drei Stunden Zeit, um sich den ganzen Film anzusehen.

Und selbst wenn man dazu Zeit hätte, ließe sich die ganze Lebensgeschichte eines Menschen mit all ihren unbedeutenden Einzelheiten nie da hineinpacken. Und doch läuft der ganze Film vor ihm ab. Diese Erkenntnis gilt als gesichert und ist sehr bedeutsam. Bevor jemand das Kapitel beendet, erinnert er sich noch einmal an alles – an alle seine Erfahrungen, seine unerfüllten Wünsche, Erwartungen und Enttäuschungen, an seinen Frust, an seine Freuden und Leiden.

Buddha hat eine eigene Bezeichnung dafür: Er nennt es Tanha. Wörtlich bedeutet Tanha ›Wunsch‹ oder ›Begierde‹, doch im übertragenen Sinne bezeichnet es ein ganzes Leben voller Begehrlichkeit. Alles, was es an Frustration, Erfüllung, Enttäuschung, Erfolg und Misserfolg enthielt, spielte sich in einer Arena von Begehrlichkeit ab. Der Sterbende muss das alles sehen, bevor er seinen Weg weiter geht, damit er sich daran erinnert, denn sein Körper verlässt ihn. Sein Verstand und auch sein Gehirn wird nicht bei ihm bleiben. Doch sein Begehren, das sich daraus löst, heftet sich an seine Seele, und dieses Begehren entscheidet über sein künftiges Leben. Alles, was unerfüllt geblieben ist, wird zu seinem nächsten Ziel.

Dein Leben beginnt lange vor deiner Geburt, weit, weit zurück, noch bevor dich deine Mutter empfangen hat – viel weiter zurück, am Ende deines vergangenen Lebens. Jenes Ende ist zugleich der Anfang dieses neuen Lebens. Ein Kapitel geht zu Ende, ein anderes Kapitel beginnt. Und wie sich dieses neue Leben gestalten wird, wird zu neunundneunzig Prozent durch den letzten Augenblick vor deinem Tod bestimmt. Was du dabei gesammelt hast, was du wie ein Saatkorn in dir trägst, wird ein Baum werden, wird blühen, wird Früchte tragen oder sonstwie seine Bestimmung erfüllen. Sie lässt sich aus dem Samen nicht ablesen, doch er trägt den gesamten Lebensentwurf in sich.

Es ist gut möglich, dass die Wissenschaft eines Tages das ganze Programm im Samen entziffern kann – welches Geäst ein Baum bildet, wie lange dieser Baum lebt, was ihm alles widerfährt. Denn der Entwurf liegt vor, wir kennen bloß seinen Code nicht. Alles, was geschehen wird, ist bereits potenziell vorhanden.

Was du also im Augenblick deines Todes tust, bestimmt, wie deine Geburt verlaufen wird. Die meisten Menschen wollen nicht sterben. Sie klammern sich ans Leben, was durchaus verständlich ist, denn erst jetzt, angesichts ihres Todes, erkennen sie, dass sie nie richtig gelebt haben. Das Leben ist wie im Traum vorbeigegangen und schon ist der Tod gekommen. Jetzt hast du keine Zeit mehr zum Leben, jetzt klopft der Tod an deine Tür. Und als du noch genug Zeit hattest, hast du lauter unnützes Zeug getrieben und deine Zeit vergeudet, statt sie zu leben.

Die meisten Menschen wollen nicht sterben. Sie klammern sich ans Leben, was durchaus verständlich ist, denn erst jetzt, angesichts ihres Todes, erkennen sie, dass sie nie richtig gelebt haben.

Ich habe schon öfter Leute, die Karten oder Schach spielten, gefragt: »Was macht ihr da eigentlich?«

»Die Zeit totschlagen«, war die Antwort.

Der Ausdruck ›die Zeit totschlagen‹ ist mir seit meiner Kindheit zuwider. Mein Großvater war ein großer Schachspieler und ich habe ihm oft gesagt: »Du wirst alt und schlägst noch immer deine Zeit tot. Siehst du denn nicht, dass die Zeit in Wirklichkeit dich totschlägt? Und du behauptest auch jetzt noch das Gegenteil? Du hast keine Ahnung, was Zeit ist. Und wo sie ist, weißt du auch nicht. Fang sie doch ein und zeige sie mir!«

All diese Redewendungen – dass die Zeit vergeht, dass sie flüchtig und vergänglich ist – sind nur Trostpflästerchen. In Wirklichkeit vergehst du selber, du gehst pausenlos den Bach hinunter. Und du denkst, es sei die Zeit, die vergeht, so als würdest du ewig am Leben bleiben und die Zeit würde nur an dir vorüberziehen. Die Zeit ist da, wo sie ist. Sie vergeht nicht. Uhren und Chronometer sind menschliche Erfindungen, um die Zeit zu messen, die scheinbar vergeht, obwohl das gar nicht der Fall ist.

Wenn du in Indien im Pandschab herumreist, frage nie jemanden nach der Zeit, denn wenn es zufällig gerade zwölf Uhr ist, kriegst du Prügel und kannst von Glück sagen, wenn du mit heiler Haut davonkommst. Das hat seine hochphilosophischen Gründe. Doch wenn die Philosophie in die Hände von Narren gerät ... Nanak, der Gründer der Sikh-Religion, hat gesagt, dass sich der Augenblick von Samadhi, von Erleuchtung, mit zwei Uhrzeigern vergleichen lässt, die sich bei zwölf Uhr treffen, sodass sie nicht mehr zwei sind. Mit diesem Bild wollte er sagen, dass sich im Augenblick von Samadhi die Zweiheit deines Seins auflöst und du zur Einheit gelangst. Dasselbe geschieht auch im Tod, wie er später ausführte: Auch hier kommen die zwei Uhrzeiger, die sich getrennt bewegt haben, zusammen und halten an, werden eins – du wirst eins mit der Existenz.

In Pandschab ist zwölf Uhr daher ein Symbol des Todes geworden. Und wenn du dort irgendeinen Sardarji fragst, wieviel Uhr es sei, und es zufällig gerade zwölf Uhr ist, wird er auf dich einhauen, denn für ihn heißt das, dass du ihn verhöhnst und ihm den Tod wünschst. Von einem, der ein langes Gesicht macht, der elend und bekümmert aussieht, sagt man im Pandschab: »Auf seinem Gesicht ist es zwölf Uhr.« Ich habe schon gesehen, wie Sardars unauffällig ihre Uhr verstellt haben – kurz vor zwölf Uhr stellen sie sie schnell fünf Minuten vor. Sie lassen es nicht zwölf Uhr werden. Ihre eigene Uhr will sie verhöhnen, und wer mag das schon? Zwölf Uhr erinnert sie ausschließlich an Elend, Traurigkeit und Tod. Sie verbinden es nicht mehr mit Samadhi, obwohl Nanak genau das mit diesem Bild ausdrücken wollte.

Wenn ein Mensch stirbt, wenn es zwölf Uhr für ihn wird, klammert er sich ans Leben. Sein ganzes Leben lang hat er geglaubt, dass die Zeit vergeht, jetzt spürt er, dass er selber vergeht, dass es bald aus ist mit ihm. Dagegen hilft kein Festhalten am Leben. Das macht ihn so unglücklich, das macht sein Elend so unerträglich, dass die meisten Menschen vor ihrem Tod in einen unbewussten Zustand, in ein Koma fallen. Dadurch verpassen sie die Gelegenheit, sich nochmals an ihr ganzes Leben zu erinnern.

Wenn du dich im Tod an nichts klammerst, wenn kein Wunsch mehr besteht, auch nur einen Augenblick länger zu leben, wirst du bewusst sterben, denn für die Natur besteht keine Notwendigkeit, dich bewusstlos zu machen oder dich in ein Koma fallen zu lassen. Du wirst wach sterben und dich an deine ganze Vergangenheit erinnern. Du wirst erkennen können, dass alles, was du im Leben getan hast, dumm war.

Du hast dir ein paar Wünsche befriedigt – was hast du damit schon gewonnen? Andere Wünsche blieben unbefriedigt und du hast darunter gelitten, doch was hättest du gewonnen, wenn auch sie erfüllt worden wären? Bei diesem seltsamen Spiel ziehst du immer den Kürzeren. Ob du gewinnst oder verlierst, macht keinen Unterschied.

Deine Vergnügungen waren flüchtig, sie waren in den Wind geschrieben, während dein Schmerz in Granit gemeißelt war. Und für die paar wenigen flüchtigen Vergnügungen hast du all diesen Schmerz erlitten. Du hast dein

Leben lang gelitten, und wofür? Für kleine, nichtige Freuden, die dir zum jetzigen Zeitpunkt, von dieser Warte aus, aus dieser Höhe, von der du das ganze Tal deines Lebens überblicken kannst, nur wie Kinderkram erscheinen. Deine Erfolge waren immer auch Misserfolge. Deine Misserfolge dagegen waren ausschließlich Misserfolge. Und deine Vergnügen waren nichts als ein Anreiz, um nur wieder zu leiden.

Deine ganze Euphorie war bloß deiner Fähigkeit zum Träumen zuzuschreiben. Du gehst mit leeren Händen. Dieses ganze Leben war ein einziger Teufelskreis. Du bist immer und immer wieder im Kreis gegangen, immer im selben Gleis. Und du bist nirgendwohin gelangt – wie könntest du auch, wenn du dich immer nur im Kreis bewegst? Von deiner Kreisbahn aus blieb der Mittelpunkt immer gleich weit entfernt.

Erfolg kam, Misserfolg kam, Vergnügen kam, Schmerz kam; da war Elend und da war Freude. Alles geschah auf der Kreisbahn. Doch der Mittelpunkt deines Wesens blieb von überall her stets gleich weit entfernt. Während du dich im Kreis bewegtest, war das schwierig zu erkennen, denn du warst zu sehr damit beschäftigt, zu sehr daran beteiligt. Doch jetzt ist dir plötzlich alles entglitten und du stehst mit leeren Händen da.

Es gibt da eine Stelle in Khalil Gibrans Meisterwerk ›Der Prophet‹: Almustafa, der Prophet, geht zu den Leuten, die auf den Feldern arbeiten, und sagt zu ihnen: »Mein Schiff ist gekommen, es ist Zeit für mich zu gehen. Ich bin nur gekommen, um noch einmal einen Blick zurückzuwerfen auf alles, was geschehen ist und was nicht geschehen ist. Bevor ich an Bord gehe, habe ich das starke Verlangen, noch einmal zu sehen, wie mein Leben hier war.«

Die Stelle, an die ich euch gerne erinnern möchte, ist die, wo Almustafa sagt: »Ich bin wie ein Fluss, bevor er sich in den Ozean ergießt. Er hält einen Moment inne, um zurückzuschauen auf das ganze Gebiet, das er durchquert hat – den Dschungel, die Berge, die Menschen ... Es war ein reiches Leben, das Tausende von Meilen währte, und jetzt wird sich alles in einem einzigen Augenblick auflösen. So wie ein Fluss zurückschaut, kurz bevor er sich ins Meer ergießt, will auch ich zurückschauen.«

Dieses Zurückschauen ist jedoch nur möglich, wenn du dich nicht an das Vergangene klammerst. Sonst hast du so viel Angst, es zu verlieren, dass dir keine Zeit zum Schauen, zum Beobachten bleibt. Und das Ganze spielt sich in Sekundenbruchteilen ab. Wenn ein Mensch ganz bewusst stirbt, wenn er das ganze Gebiet sieht, das er durchquert hat, und wenn er sieht, wie idiotisch das alles war, wird er ganz automatisch mit Scharfsinn, mit Intelligenz und mit Mut wiedergeboren, ohne dass er selber etwas dazu tun muss.

Manchmal werde ich gefragt: »Du warst schon als kleines Kind so scharfsinnig, so mutig und so intelligent. Ich bin selbst als Erwachsener nicht so mutig.« Der Grund dafür ist, dass ich in meinem vergangenen Leben auf eine andere Art gestorben bin als ihr. Das macht einen großen Unterschied, denn so wie man stirbt, wird man geboren. Der Tod ist die eine Seite der Münze und die Geburt ist die andere Seite derselben Münze.

Wenn auf jener Seite Verwirrung, Elend, Angst, Festhalten und Begierde herrschten, könnt ihr auf dieser Seite der Münze nicht Scharfsinn, Intelligenz, Mut, Klarheit und Bewusstheit erwarten. Das wäre völlig ungerechtfertigt, das kann man nicht erwarten.

Es ist so einfach und doch so schwierig für euch zu verstehen, aber ich habe in diesem Leben nichts getan, um schon als Kind mutig oder scharfsinnig oder intelligent zu sein. Und ich selber habe es auch nie als Mut oder Scharfsinn oder Intelligenz empfunden.

Erst später wurde ich langsam gewahr, wie dumm die Leute sind. Diese Einsicht kam erst später. Vorher war mir nicht bewusst, dass ich mutig war. Ich glaubte, jeder müsse so sein wie ich. Erst später wurde mir klar, dass die anderen nicht so sind.

Als ich langsam erwachsen wurde, begann ich mir meines letzten Lebens und meines Todes bewusst zu werden und erinnerte mich, wie leicht ich gestorben war – nicht nur leicht, sondern geradezu enthusiastisch. Mein Interesse galt mehr dem Unbekannten, das vor mir lag, als dem Bekannten, das ich bereits gesehen hatte. Ich habe nie zurückgeschaut. Und so hatte ich es mein ganzes Leben lang gehalten – nie zurückschauen! Es führt zu nichts. Du kannst nicht mehr zurückgehen, weshalb also Zeit damit vergeuden? Ich schaue immer voraus. Sogar zum Zeitpunkt meines Todes schaute ich voraus. Und das hat mir klargemacht, warum mir die Bremsen fehlen, die andere Leute daran hindern, ihr Leben zu leben.

Diese Bremsen stammen von eurer Angst vor dem Unbekannten. Ihr haltet am Vergangenen fest und habt Angst, ins Unbekannte zu gehen. Ihr klammert euch ans Vertraute, an das, was ihr kennt. Es mag schmerzhaft sein oder hässlich, doch zumindest ist es euch vertraut. Ihr habt eine Art freundschaftliches Gefühl dafür entwickelt.

Es mag euch überraschen, doch meine Erfahrung mit Tausenden von Menschen hat mich gelehrt, dass sie nur deshalb an ihrem Elend hängen, weil sie eine gewisse Art von Freundschaft dazu entwickelt haben. Sie haben schon so lange mit ihrer Misere zusammengelebt, dass es sich wie eine Scheidung anfühlen würde, wenn sie damit aufhören würden.

Genauso ist es mit Ehe und Scheidung. Der Mann denkt mindestens zwölf Mal am Tag an Scheidung und die Frau ebenfalls, aber irgendwie schaffen es beide doch immer wieder zusammenzubleiben, und zwar aus dem einfachen Grund, weil beide Angst vor dem Unbekannten haben. Dein Mann ist unausstehlich, gewiss, aber wer weiß, ob ein anderer nicht noch viel schlimmer wäre. Und zumindest hast du dich an die Macken und Fehler und die Lieblosigkeit deines jetzigen Partners gewöhnt und kannst sie ertragen. Das tust du ja schon lange und hast dir inzwischen eine dicke Haut zugelegt. Bei einem neuen Mann weiß man nie, woran man ist. Man muss wieder ganz von vorne anfangen, daher halten die Leute lieber am Bewährten fest.

Ihr klammert euch ans Vertraute, an das, was ihr kennt. Es mag schmerzhaft sein oder hässlich, doch zumindest ist es euch vertraut. Ihr habt eine Art freundschaftliches Gefühl dafür entwickelt.

Beobachte einmal Menschen, wenn sie sterben. Sie leiden nicht am Tod. Im Tod liegt kein Schmerz, er ist absolut schmerzlos. Er ist sehr angenehm, wie ein tiefer Schlaf. Glaubt ihr, ein tiefer Schlaf sei etwas Schmerzhaftes? Doch die Sterbenden haben keine Augen für den Tod, für einen angenehmen, tiefen Schlaf; sie befürchten, dass ihnen das, was sie kennen, entgleitet. Angst bedeutet nur eins: das, was man kennt, verlieren und ins Unbekannte hinaustreten.

Mut ist das Gegenteil von Angst.

Sei stets bereit, das Bekannte aufzugeben. Sei mehr als bereit. Warte nicht einmal ab, bis es reif ist. Wage den Sprung in etwas Neues. Seine Neuheit, seine Frische ist so verlockend. Dann hast du Mut.

Die Angst vor dem Tod ist sicher die größte Angst und schadet deinem Mut am meisten.

Und weil du nicht mehr zurück zu deinem letzten Tod gehen kannst, kann ich dir nur eins vorschlagen: Sei bei allem, was du erlebst, stets bereit, vom Bekannten ins Unbekannte zu springen.

Das ist selbst dann noch besser, wenn sich das Unbekannte als schlechter erweist als das, was du schon kennst. Darum geht es nicht. Was zählt, ist deine Bereitschaft, vom Bekannten ins Unbekannte zu wechseln. Das ist etwas ungemein Wertvolles. Wage es in allen Erfahrungsbereichen stets aufs Neue. Das wird dich auf den Tod vorbereiten. Denn wenn der Tod kommt, kannst du nicht auf Anhieb entscheiden: »Ich wähle jetzt den Tod und gebe das Leben auf.« Solche Entscheidungen werden nicht spontan getroffen.

Du musst kleine Schritte machen, dich vorbereiten, von Moment zu Moment leben. Und während dir die Schönheit des Unbekannten immer vertrauter wird, wird eine neue Qualität in dir heranwachsen. Sie ist schon da, sie wurde nur noch nie gebraucht. Schon ehe der Tod naht, bewege dich stets vom Bekannten zum Unbekannten. Vergiss nie, dass das Neue besser ist als das Alte.

Das Alte wird oft zu Unrecht verklärt. Doch selbst wenn alles Alte aus purem Gold wäre, vergiss es! Wähle das Neue, Gold hin oder her. Was zählt, ist deine Wahl: deine Wahl, etwas zu lernen, deine Wahl, etwas zu erfahren, deine Wahl, dich ins Dunkle zu wagen. Dann beginnt allmählich dein Mut zu erwachen. Scharfsinn, Intelligenz und Mut sind nichts voneinander Getrenntes, sie bilden fast eine organische Einheit.

Mit Angst geht Feigheit einher, was unausweichlich zu Mittelmäßigkeit und Rückständigkeit im Denken führt. Das alles gehört zusammen und unterstützt sich gegenseitig. Mit Mut gehen Scharfsinn, Intelligenz, Offenheit, ein unvoreingenommener Geist und die Fähigkeit zu lernen einher. Auch das gehört zusammen.

Beginne mit einer einfachen Übung: Wenn du die Wahl hast, dann wähle stets das Unbekannte, das Riskante, das Gefährliche, das Ungewisse. Du wirst es nicht bereuen.

Nur so kann dein Tod dieses Mal zu einer unbeschreiblich aufschlussreichen Erfahrung werden und dir Einsicht in deine neue Geburt vermitteln – und nicht nur Einsicht, sondern auch eine gewisse Wahlmöglichkeit. Du kannst dir bewusst eine bestimmte Mutter und einen bestimmten Vater auswählen. Gewöhnlich verläuft das alles unbewusst und rein zufällig, doch wer mit Bewusstheit stirbt, wird auch mit Bewusstheit geboren.

Ihr könnt meine Mutter fragen, sie ist gerade hier. Nach meiner Geburt habe ich drei Tage lang keine Milch zu mir genommen und alle waren sehr besorgt. Auch die Ärzte machten sich Sorgen, denn wie soll ein Kind überleben, wenn es keine Milch trinken will? Sie versuchten mich auf alle möglichen Arten zum Trinken zu bringen, doch sie hatten keine Ahnung, wie schwer sie es mir damit machten. Ich hatte ja keine Möglichkeit, ihnen mein Dilemma zu erklären, und ebensowenig konnten sie es selbst herausfinden.

In meinem letzten Leben habe ich kurz vor meinem Tod gefastet. Ich wollte eine Fastenzeit von einundzwanzig

Tagen einhalten, doch drei Tage vor ihrer Vollendung wurde ich ermordet. Diese drei Tage blieben mir selbst bei der Geburt im Bewusstsein verhaftet. Ich musste mein Fasten um jeden Preis vollenden! Ich bin wirklich ein Dickkopf! In der Regel nimmt man nichts von einem Leben ins andere hinüber – wenn ein Kapitel zu Ende ist, ist es zu Ende.

Drei Tage lang konnten sie mir nichts in den Mund schieben. Ich wies alles zurück. Doch nach drei Tagen ging es mir glänzend und alle waren freudig überrascht: »Wieso hat er wohl drei Tage lang alle Nahrung verweigert? Er war nicht krank, das war nicht das Problem – und jetzt, nach drei Tagen, ist er völlig normal.« Es blieb ihnen ein Rätsel. Aber eigentlich will ich gar nicht über solche Sachen reden, denn für euch ist das vorerst alles bloß hypothetisch und lässt sich nicht wissenschaftlich beweisen. Und ich möchte nicht, dass ihr blind an etwas glaubt. Schlagt euch alles aus dem Kopf, was zu Glaubenssätzen führen könnte.

Ihr liebt mich, ihr vertraut mir und wisst, dass ihr allem vertrauen könnt, was ich sage. Doch ich bestehe immer und immer wieder darauf, dass ihr alles, was nicht auf eurer eigenen Erfahrung beruht, nur als vorläufige Hypothese nehmen sollt. Macht es nicht zu eurem Glauben. Wenn ich manchmal etwas illustriere, so geschieht das aus reiner Notwendigkeit – in diesem Fall als Antwort auf die Frage, wie ich es geschafft habe, schon in meiner Kindheit so mutig und scharfsinnig zu sein.

Ich habe nichts dafür getan. Ich bin einfach den Weg weitergegangen, den ich schon in meinem vergangenen Leben eingeschlagen hatte.

Auch du wirst Mut fassen.

Beginne mit einer einfachen Formel: Lass dir das Unbekannte nie entgehen!

Wähle stets das Unbekannte und folge ihm unbesehen. Selbst wenn du dabei leidest, zahlt es sich aus. Es lohnt sich immer. Es macht dich erwachsener, reifer und intelligenter.

Wenn du die Wahl hast, dann wähle stets das Unbekannte, das Riskante, das Gefährliche, das Ungewisse. Du wirst es nicht bereuen.

Auf der Suche nach Furchtlosigkeit

Meditationstechniken und Antworten auf Fragen

Jeder hat Angst – er muss sie haben. Das Leben ist nun mal so, dass man Angst hat. Und der Mensch wird nicht furchtlos, indem er mutig wird, denn ein mutiger Mensch hat seine Angst nur unterdrückt, er ist nicht wirklich frei davon. Ein Mensch wird furchtlos, indem er seine Ängste akzeptiert. Es ist keine Frage des Mutes. Man schaut sich lediglich die Tatsachen des Lebens an und begreift, dass diese Ängste natürlich sind. Man akzeptiert sie!

Sind Angst und Schuld das Gleiche?

Angst und Schuld sind nicht das Gleiche. Angst, die du akzeptierst, wird zu Freiheit; Angst, die du leugnest, verdrängst, verurteilst, wird zu Schuldgefühlen. Nimm Angst als etwas an, das zu deiner Situation gehört. Angst gehört nun mal zu dir. Der Mensch ist nur ein winzig kleiner Teil und das Ganze ist riesig groß; du bist ein Tropfen, ein winziger Tropfen, und das Ganze ist der Ozean. Du beginnst zu zittern: »Ich könnte im Ganzen verloren gehen. Ich könnte meine Identität verlieren.« Das ist die Angst vor dem Tod. Alle Angst ist Angst vor dem Tod. Es ist die Angst, ausgelöscht zu werden.

Es ist also natürlich, wenn der Mensch Angst hat und zittert. Wenn du das akzeptieren und dir sagen kannst, so ist nun mal das Leben, wenn du das vollkommen annehmen kannst, so hört das Zittern augenblicklich auf und die Angst, die gleiche Energie, die zuvor Angst war, entfaltet sich und wird zu Freiheit. Dann weißt du: Auch wenn sich der Tropfen im Ozean auflöst, er ist da – und nicht nur das, er wird zum Ozean selbst. Dann wird Tod zu Nirwana, dann hast du keine Angst mehr, dich zu verlieren. Dann verstehst du die Worte Jesu: »Wer sein Leben retten will, wird es verlieren; doch wer es verliert, wird es gewinnen.«

Den Tod anzunehmen ist der einzige Weg, über ihn hinauszugehen. Dann verschwindet er. Die Angst zu akzeptieren ist der einzige Weg, frei von Angst zu werden. Dann wird die Energie freigesetzt und verwandelt sich in Freiheit. Aber wenn du die Angst verdammst, wenn du sie verdrängst, wenn du die Tatsache leugnest, dass du Angst hast, wenn du dich wappnest und schützt und verteidigst, dann entstehen Schuldgefühle.

Alles Verdrängte, alles nicht Zugelassene erzeugt Schuldgefühle. Jeder Verstoß gegen die Natur erzeugt Schuld. Du fühlst dich schuldig, andere belogen zu haben und dich selbst dazu. Diese Unaufrichtigkeit ist Schuld.

Du fragst: Sind Angst und Schuld das Gleiche? Nein. Angst kann ein Schuldgefühl sein, braucht es aber nicht zu sein. Es kommt darauf an, was du mit der Angst machst. Wenn du falsch damit umgehst, wird sie zu Schuldgefühlen. Wenn du sie einfach akzeptierst, nichts an ihr änderst, weil es nichts zu ändern gibt, dann wird sie zu Freiheit, zu Furchtlosigkeit.

Rede dir nicht ein, dass etwas mit dir nicht stimmt, dass du hässlich und ein Sünder bist. Verurteile nichts. Was immer du bist, das bist du. Habe keine Schuldgefühle. Selbst wenn etwas nicht stimmt, so bist du trotzdem in Ordnung. Vielleicht hast du verkehrt gehandelt, aber dadurch ist dein

Wesen nicht verkehrt. Eine Handlung mag verkehrt sein, aber dein Wesen ist immer in Ordnung.

Den Tod anzunehmen ist der einzige Weg, über ihn hinauszugehen. Dann verschwindet er. Die Angst zu akzeptieren ist der einzige Weg, frei von Angst zu werden. Dann wird die Energie freigesetzt und verwandelt sich in Freiheit.

Ich habe gemerkt, dass ich ständig versuche, andere davon zu überzeugen, dass ich wichtig und stark bin. Ich habe über die Gründe dafür nachgesonnen und glaube, es beruht auf Angst.

Das Ego beruht immer auf Angst. Ein wirklich furchtloser Mensch hat kein Ego, denn das Ego ist ein Schutzmechanismus, eine Art Panzerung. Weil du Angst hast, erweckst du in deiner Umgebung den Eindruck, dass du so und so bist, dass du das und das bist, damit niemand es wagt, dich zu verletzen. Dahinter steckt einfach nur Angst. Gut, das siehst du ganz richtig. Und wenn die eigentliche Ursache einmal klar ist, wird die Sache sehr einfach. Ansonsten schlagen sich die Leute ständig mit dem Ego herum, obwohl das Ego gar nicht das eigentliche Problem ist. Anstatt mit der wirklichen Krankheit kämpfst du nur mit einem Symptom. Die wirkliche Krankheit ist die Angst. Du kannst endlos gegen das Ego kämpfen und dennoch das Ziel verpassen, weil das Ego nicht der eigentliche Feind ist. Es ist unecht. Selbst wenn du siegst, wirst du nichts dabei gewinnen. Und du kannst gar nicht siegen, weil man nur einen echten Feind besiegen kann und keinen falschen, den es überhaupt nicht gibt. Das Ego ist nur eine Fassade. Es ist, als hättest du eine hässliche Wunde und würdest sie mit irgendeinem Schmuck überdecken.

Ich wohnte einmal im Haus eines Filmstars. Er hatte viele Leute eingeladen, um ihnen Gelegenheit zu geben, mich zu treffen. Darunter war auch eine Filmschauspielerin. Sie trug eine sehr schöne Uhr mit einem sehr dekorativen und breiten Armband. Als ihr Tischnachbar sie darauf ansprach, wurde sie ziemlich unruhig. Ich sah mir die ganze Situation an. Er wollte zu gerne diese Uhr sehen und sie wollte sie auf keinen Fall vom Arm nehmen. Doch der Mann ließ nicht locker und so musste sie sie schließlich ausziehen. Plötzlich verstand ich, was das Problem war. Sie hatte ein Ekzem, einen großen Fleck, am Arm und den versteckte sie unter dem Armband dieser schönen Uhr. Jetzt war sie bloßgestellt. Sie fing an zu schwitzen und wurde schrecklich nervös.

So ist das Ego. Die Angst ist da, aber niemand will sie zeigen, denn wenn du zu erkennen gibst, dass du Angst hast, werden dir viele Leute noch mehr Angst einjagen. Sobald sie wissen, dass du voller Angst bist, wird jeder auf dich einschlagen. Sie haben ihren Spaß daran, dich zu demütigen. Endlich haben sie einen Schwächeren gefunden. Die Leute genießen es, Schwächere auszunutzen und zu treten.

Deshalb umgibt jeder, der Angst hat, tief innen seine Angst mit einem großen Ego und bläht diesen Ballon des Egos immer mehr auf, bis es viel zu groß wird. Leute wie Adolf Hitler oder Idi Amin von Uganda sind total aufgeblasen. Und dann gehen sie hin und machen anderen Angst. Jeder, der versucht, einem anderen Angst einzujagen, steckt garantiert innerlich selbst voller Angst. Warum sollte er das sonst tun? Wer hat schon Interesse daran, einem anderen Angst zu machen, wenn er selbst keine hat?

Leute, die Angst haben, versuchen anderen Angst zu machen, damit diese sie in Ruhe lassen. Dann sind sie sicher, dass die anderen ihnen nichts tun und ihre Grenzen nicht überschreiten.

Du hast das richtig erkannt – genauso ist es. Kämpfe also nicht mit dem Ego. Beobachte vielmehr die Angst und versuche sie zu akzeptieren. Sie ist natürlich, sie gehört zum Leben. Du brauchst sie nicht zu verbergen und keinem etwas vorzuspielen. Sie ist da – alle Menschen sind voller Angst. Das gehört zum Menschsein. Nimm sie an. Und in dem Moment, in dem du sie annimmst, verschwindet das Ego, denn es wird nicht mehr gebraucht. Gegen das Ego anzukämpfen hilft dir gar nichts, aber wenn du die Angst akzeptierst, geht es dir sofort besser. Dann verstehst du: Wir sind so winzig und das Universum ist so riesig groß – wie sollte man da keine Angst bekommen? Das Leben ist vom Tod umgeben – wie sollte man da keine Angst haben? Jeden Augenblick können wir verschwinden. Irgendeine Kleinigkeit läuft schief und schon sind wir ausgelöscht – wie sollten wir da keine Angst bekommen? Wenn du die Angst akzeptierst, verschwindet sie nach und nach, weil ihr der Boden entzogen wird. Du hast sie akzeptiert, du nimmst sie als selbstverständlich hin – so ist es!

Versuche also nicht, sie zu verstecken. Wenn du nichts gegen sie unternimmst, dann legt sie sich. Damit meine ich nicht, dass du keine Angst mehr haben wirst. Ich sage nur, dass du nicht mehr ängstlich bist. Die Angst wird noch da sein, aber du wirst dich nicht mehr fürchten. Verstehst du, was ich meine? Sich fürchten bedeutet, dass man sich gegen die Angst wehrt. Man will sie weg haben, aber sie ist da.

Wenn du sie akzeptierst … Genauso wie Bäume grün sind, so sind die Menschen voller Angst. Was kann man da machen? Die Bäume verstecken sich nicht. Jeder muss einmal sterben. Die Angst ist der Schatten des Todes. Akzeptiere sie!

Leute, die Angst haben, versuchen anderen Angst zu machen, damit diese sie in Ruhe lassen. Dann sind sie sicher, dass die anderen ihnen nichts tun und ihre Grenzen nicht überschreiten.

Wenn ich alleine bin, kann ich irgendwie loslassen und andere Menschen lieben, aber sobald ich in Gegenwart anderer bin, gehen bei mir die Läden runter.

Es ist schwierig, wirkliche Menschen zu lieben, denn ein wirklicher Mensch wird deine Erwartungen nicht erfüllen. Dazu ist er nicht da. Er ist nicht auf der Welt, um die Erwartungen eines anderen zu erfüllen; er muss sein eigenes Leben leben. Aber sobald er etwas tut, das dir gegen den Strich geht oder nicht mit deinen Gefühlen und deinem Wesen übereinstimmt, gibt es Probleme.

Über Liebe nachzudenken ist einfach. Zu lieben ist sehr schwer. Es ist sehr leicht, die ganze Welt zu lieben. Doch wenn es darum geht, einen einzelnen Menschen zu lieben, fangen die Schwierigkeiten an. Gott oder die Menschheit zu lieben ist ganz einfach. Das Problem beginnt erst, wenn du einen konkreten Menschen triffst und ihr euch begegnet. Mit dieser Begegnung lässt du dich auf eine große Veränderung, auf eine große Herausforderung ein. Der andere wird nicht dein Sklave sein, genauso wenig wie du sein Sklave sein wirst. An diesem Punkt wird es schwierig. Wenn du der Sklave des anderen wärst oder der andere deiner, dann wäre alles einfach. Doch niemand ist dazu da, die Rolle des Sklaven zu spielen, niemand ist dazu vorgesehen. Jeder ist sein eigener Herr. Unser ganzes Sein ist Freiheit. Der Mensch ist Freiheit.

Über Liebe nachzudenken ist einfach. Zu lieben ist sehr schwer. Es ist sehr leicht, die ganze Welt zu lieben. Doch wenn es darum geht, einen einzelnen Menschen zu lieben, fangen die Schwierigkeiten an.

Das ist also tatsächlich ein Problem, es hat nichts mit dir persönlich zu tun, sondern mit dem Phänomen der Liebe. Mach es nicht zu einem persönlichen Problem, sonst bringst du dich in Schwierigkeiten. Mit dieser Frage muss sich jeder auseinander setzen, die einen mehr, die anderen weniger. Ich habe noch keinen Menschen getroffen, der nicht Probleme in der Liebe hatte. Das hat etwas mit der Liebe zu tun, mit der Natur der Liebe.

Die Beziehung als solche bringt dich in Situationen, in denen Probleme auftauchen. Und es ist gut, sie durchzustehen. Im Osten sind die Menschen davor ausgewichen, weil sie sahen, wie schwierig es ist. Sie begannen ihre Liebe zu verleugnen und sich ihr zu verschließen. Sie wurden lieblos und nannten es Nichtverhaftetsein. Im Laufe der Zeit sind sie abgestumpft. Daher ist im Osten die Liebe fast völlig verschwunden und nur Meditation übrig geblieben.

Meditation bedeutet, dass du dich in deinem Alleinsein wohl fühlst. Meditation bedeutet, dass du nur auf dich selbst bezogen bist. Dein Kreis hat sich mit dir geschlossen; du gehst nicht über ihn hinaus. Auf diese Weise sind natürlich neunundneunzig Prozent deiner Probleme gelöst, aber zu einem sehr hohen Preis. Jetzt hast du weniger Schwierigkeiten. Der östliche Mensch ist nicht so rastlos und angespannt, er lebt wie in einer inneren Höhle, geschützt und mit geschlossenen Augen. Er gestattet seiner Energie nicht, sich zu bewegen. Er stellt eine Art Kurzschluss her, einen kleinen Energiekreislauf im Innern seines Seins, und ist glücklich. Aber sein Glück ist ein bisschen tot. Sein Glück kennt keinen Jubel, es kennt keine Freude.

Bestenfalls kann man sagen, dass er nicht unglücklich ist. Es lässt sich höchstens negativ ausdrücken – so als würde man jemanden als gesund bezeichnen, nur weil er keine Krankheit hat. Aber mit Gesundheit hat das nicht viel zu tun. Gesundheit sollte etwas Positives sein, sie sollte eine eigene Ausstrahlung haben und nicht nur aus dem Fehlen von Krankheit bestehen. So gesehen ist selbst ein toter Körper gesund, weil er keine Krankheiten hat.

Im Osten haben wir also versucht, ohne Liebe auszukommen und der Welt zu entsagen, genauer gesagt der Liebe zu entsagen – der Frau, dem Mann, allen Gelegenheiten, bei denen Liebe erblühen kann. Jaina-Mönche sowie hinduistische oder buddhistische Mönche dürfen nicht mit einer Frau sprechen, wenn sie alleine sind, sie dürfen keine Frau berühren und eigentlich nicht einmal ihr Gesicht anschauen. Wenn eine Frau sie etwas fragt, müssen sie die Augen senken und auf die Nasenspitze starren, damit sie nicht aus Versehen die Frau zu sehen bekommen. Denn wer weiß, es könnte ja etwas klick machen – und in den Händen der Liebe ist man praktisch machtlos.

Sie halten sich nicht lange in den Häusern anderer Leute auf und bleiben auch nie lange am gleichen Ort, weil dadurch Verbundenheit oder Liebe entstehen könnte. Sie führen ein Wanderleben, ziehen von Ort zu Ort und lassen sich auf nichts ein, sie vermeiden jede Art von Beziehung. Auf diese Weise haben sie eine gewisse Stille erlangt. Die Welt kann sie nicht mehr stören, aber sie sind auch nicht glücklich; ihr Leben ist kein Fest.

Im Westen ist genau das Gegenteil geschehen. Dort haben die Menschen versucht, ihr Glück in der Liebe zu finden, und sich dadurch in große Schwierigkeiten gebracht. Sie haben allen Kontakt zu sich selbst verloren. Sie haben sich so weit von sich selbst entfernt, dass sie nicht mehr zurückfinden können. Sie haben den Weg aus den Augen verloren, sie finden ihr Zuhause nicht mehr. Ein Gefühl der Sinnlosigkeit und Heimatlosigkeit hat sich ausgebreitet, und dem versuchen sie mit immer neuen Liebesbeziehungen abzuhelfen: mit dieser Frau, mit jenem Mann, heterosexuell, homosexuell, autosexuell. Sie probieren alles durch, nur um sich am Ende wieder genauso leer zu fühlen, denn die Liebe macht zwar glücklich, aber es gibt keine Stille in diesem Glück. Und wenn Glück nicht mit Stille einhergeht, dann fehlt wiederum etwas.

Wenn du glücklich bist und dabei die Stille fehlt, dann ist dein Glück nur eine Erregung, eine Art Fieber – viel Lärm um nichts. Dieser fiebrige Zustand wird eine Menge Spannung in dir erzeugen und zu nichts führen, es ist ein einziges Rennen und Jagen. Und eines Tages erkennst du dann, dass die ganze Anstrengung umsonst war, weil du versucht hast, den Anderen zu finden, ohne dich selbst gefunden zu haben.

Beide Wege haben versagt. Der Osten hat versagt, weil er sich nur um Meditation gekümmert hat, nicht auch um Liebe. Und der Westen hat versagt, weil es ihm nur um Liebe ging, nicht auch um Meditation. Mein ganzes Bemühen besteht darin, eine Synthese zu schaffen, die euch das Ganze gibt: Meditation plus Liebe. Du solltest fähig sein, dich sowohl alleine als auch mit anderen Menschen glücklich zu fühlen. Du solltest in dir selbst glücklich sein und auch in Beziehungen glücklich sein. Dein Haus sollte innen wie außen schön sein. Außen umgibt es ein schöner Garten und innen ist ein schönes Schlafzimmer. Das eine ist nicht gegen das andere gerichtet, sie nehmen einander nichts weg.

Meditation sollte dir als innere Zuflucht dienen, als innerer Schrein. Immer wenn du spürst, dass du genug hast von der Welt, kannst du dich in deinen Schrein zurückziehen. Du kannst in deinem inneren Sein baden. Du kannst auftanken und zu neuem Leben erwachen, wieder lebendig, frisch und jung werden. Aber du solltest auch die Fähigkeit haben, andere Menschen zu lieben und dich den Problemen der Welt zu stellen, denn eine Stille, die impotent ist, die keine Schwierigkeiten bewältigen kann, hat wenig Substanz, sie ist nicht viel wert.

Nur eine Stille, die mit Schwierigkeiten umgehen kann und trotzdem still bleibt, ist etwas Erstrebenswertes, ist etwas, wonach man sich sehnen sollte.

Mein Rat ist: Beginne mit Meditation, denn es ist immer gut, mit dem anzufangen, was deinem Zentrum am nächsten ist, und das ist Meditation. Aber bleibe dort nicht stecken, denn Meditation muss in Bewegung sein, sie muss erblühen, sich entfalten und zu Liebe werden.

Sei unbesorgt. Mache kein Problem daraus, denn es ist keines. Es ist einfach nur menschlich, nur natürlich. Jeder hat Angst – er muss sie haben. Das Leben macht nun einmal Angst. Und ein Mensch wird nicht furchtlos, indem er mutig wird, denn ein mutiger Mensch hat seine Angst lediglich unterdrückt, er ist nicht wirklich frei davon. Ein Mensch wird furchtlos, indem er seine Ängste akzeptiert. Es ist keine Frage von Mut. Es geht darum, das Leben so zu sehen, wie es ist, zu begreifen, dass diese Ängste natürlich sind, und sie anzunehmen.

Das Problem entsteht erst, wenn du versuchst, sie abzulehnen. Man hat dir sehr egoistische Ideale beigebracht: »Sei mutig!« Was für ein Unsinn! Quatsch! Wie kann ein intelligenter Mensch Angst vermeiden? Nur die Dummen haben keine Angst. Dann kann der Busfahrer so lange hupen, wie er will, und du bleibst mutig mitten auf der Straße stehen. Oder ein wilder Stier stürmt auf dich los und du bleibst furchtlos stehen. Das wäre dumm! Ein intelligenter Mensch wird beiseite springen.

Erst wenn du in panischer Angst hinter jedem Gebüsch nach Schlangen suchst, wird es zum Problem. Nur wenn du grundlos Angst hast und wegrennst, ohne dass jemand auf der Straße ist, bist du in Schwierigkeiten. Ansonsten ist Angst ganz natürlich.

Wenn ich also sage, deine Angst wird verschwinden, meine ich damit nicht, dass es keine Ängste im Leben mehr geben wird. Doch du wirst merken, dass neunzig Prozent deiner Ängste nur Einbildung sind. Zehn Prozent sind real und die müssen akzeptiert werden.

Ich mache die Leute nicht mutig, ich mache sie empfänglicher, sensibler und wachsamer. Ihre Wachsamkeit genügt. Sie werden sich bewusst, dass sie ihre Ängste auch als Sprungbrett benutzen können. Du brauchst dir also keine Sorgen zu machen.

Meditation sollte dir als innere Zuflucht dienen, als innerer Schrein. Immer wenn du spürst, dass du genug hast von der Welt, kannst du dich in deinen Schrein zurückziehen. Du kannst in deinem inneren Sein baden.

Warum habe ich noch immer solche Angst, mich bloßzustellen?
Wer hat die nicht? Sich zu zeigen, wie man ist, macht Angst. Das ist natürlich, denn es bedeutet, dass der ganze Müll, den man im Kopf hat, der ganze Abfall, der sich seit Jahrhunderten über viele, viele Leben angesammelt hat, ans Licht kommt. Sich bloßstellen heißt, all seine Schwächen, Begrenzungen und Fehler offenzulegen. Es bedeutet letztlich, seine Verletzlichkeit zu zeigen. Es ist wie ein Tod. Sich bloßstellen heißt, seine Leere zu zeigen.

Hinter all dem Müll und dem Lärm des Denkens gibt es eine Dimension gänzlicher Leere. Ohne Gott ist man hohl, ist man nur eine Leere, nur ein Nichts. Diese Nacktheit, diese Leere und Hässlichkeit möchte man verbergen. Man bedeckt sie mit Blumen, man kreiert ein hübsches Arrangement, um wenigstens den Anschein zu erwecken, man sei etwas, man sei jemand. Das geht nicht nur dir so, das geht allen so, das ist eine generelle Erscheinung.

Niemand kann sich öffnen wie ein Buch. Dabei packt dich die Angst: »Was werden die Leute von mir denken?« Von Kindheit an hat man dir beigebracht, Masken zu tragen, wunderschöne Masken. Du brauchst kein schönes Gesicht zu haben, eine schöne Maske genügt. Und eine Maske ist billig. Dein Gesicht zu verwandeln ist ein mühsamer Prozess. Dein Gesicht zu bemalen ist sehr einfach.

Wenn du jetzt plötzlich dein wahres Gesicht zeigen sollst, erschauerst du innerlich. Du zitterst: Werden die anderen es mögen? Werden die anderen dich akzeptieren? Werden die anderen dich noch lieben und respektieren? Wer weiß? Denn sie haben deine Maske geliebt, sie haben deinen Charakter respektiert, deine Gewänder bewundert. Jetzt fürchtest du: »Wenn ich plötzlich nackt bin, werden sie mich dann immer noch lieben, respektieren und schätzen oder werden sie alle vor mir weglaufen? Womöglich wenden sie sich von mir ab und ich stehe ganz alleine da.«

Deshalb täuschen die Leute ständig etwas vor. Diese Täuschungsmanöver und all das Unechte beruhen auf Angst. Um authentisch sein zu können, musst du furchtlos sein.

Eines der grundlegenden Gesetze des Lebens lautet: Was du verbirgst, wird größer, und was du offenlegst, verschwindet, wenn es unecht ist, verdunstet an der Sonne; wenn es jedoch echt ist, gibst du ihm damit Nahrung. Genau das Gegenteil geschieht, wenn du etwas verbirgst. Das Echte stirbt ab, weil es nicht genährt wird; es braucht den Wind, den Regen und die Sonne. Es braucht die ganze Natur um sich herum. Es kann nur mit der Wahrheit wachsen. Davon ernährt es sich. Wenn du aufhörst, ihm Nahrung zu geben, wird es immer schwächer. Die Leute lassen ihre Wirklichkeit verhungern und mästen ihre Unwirklichkeit.

Eure falschen Gesichter leben von Lügen, deshalb musst du immer neue Lügen erfinden. Um eine Lüge aufrechtzuerhalten, musst du noch hundertmal mehr lügen, denn eine Lüge muss durch immer neue Lügen gestützt werden. Wenn du dich also hinter einer Fassade versteckst, stirbt das Echte in dir ab und das Falsche gedeiht und wird immer dicker und fetter. Wenn du dich zeigst, wie du bist, dann stirbt das Unechte. Es muss unweigerlich sterben, denn am Licht kann es nicht bestehen. Es kann nur im Verborgenen, im Dunkeln existieren. Nur im Keller deiner Unbewusstheit kann es überleben. Sobald du es ins Bewusstsein bringst, beginnt es sich aufzulösen.

Wenn du dich zeigst, wie du bist, dann stirbt das Unechte. Es muss unweigerlich sterben, denn am Licht kann es nicht bestehen. Es kann nur im Verborgenen, im Dunkeln existieren.

Darin besteht das Erfolgsgeheimnis der Psychoanalyse. Es ist ein höchst einfaches Geheimnis und zugleich auch das ganze Geheimnis der Psychoanalyse. Mit Hilfe des Psychoanalytikers bringst du alles, was in deinem Unterbewussten, in den tieferen Bereichen deines Seins steckt, auf die Ebene des Bewusstseins. Er hilft ihm an die Oberfläche zu gelangen, wo du und andere es sehen können. Und dadurch geschieht ein Wunder: Allein dadurch, dass du es siehst, beginnt es zu verschwinden. Wenn du es jemandem mitteilen kannst – und genau das tust du ja in der Psychoanalyse, du zeigst dich dem Psychoanalytiker so, wie du bist –, dann genügt es schon, dich einem einzigen Menschen zu zeigen, um große Veränderungen in dir zu bewirken. Doch die Psychoanalyse ist eine sehr begrenzte Situation: Du zeigst dich nur einer einzigen Person, und das nur privat und unter dem Siegel der Verschwiegenheit. Es gehört zum Beruf des Arztes, des Psychoanalytikers, des Therapeuten, es gehört zu seinem Berufseid, dass er niemandem davon erzählt und alles geheim bleibt. Diese Offenheit ist also sehr begrenzt, aber dennoch hilft sie. Sie spielt sich in einem professionellen Rahmen ab, aber dennoch hilft sie. Deswegen dauert es auch Jahre. Was man innerhalb von ein paar Tagen erledigen könnte, dauert in der Psychoanalyse Jahre – vier Jahre, fünf Jahre – und selbst dann ist die Analyse nie vollständig. Es gibt bis jetzt keinen einzigen Fall einer vollständig abgeschlossenen Analyse. Sogar eure Psychoanalytiker sind nicht vollständig analysiert, weil dieses Sich-Öffnen sehr begrenzt ist und nur unter bestimmten Bedingungen stattfindet. Der Psychoanalytiker hört dir so zu, als würde er gar nicht zuhören, weil er ja nichts weitererzählen darf. Aber dennoch hilft es dir und erleichtert dich sehr.

Wenn du dich dagegen nach allen Seiten öffnen kannst – nicht nur im Verborgenen, nicht nur einem Therapeuten gegenüber, sondern in all deinen Beziehungen – und genau darum geht es bei Sannyas. Es ist eine Eigenpsychoanalyse, eine vierundzwanzigstündige Psychoanalyse, tagein, tagaus, in allen möglichen Situationen: mit deiner Frau, mit deinem Freund, mit einem Verwandten, mit einem Feind, mit einem Fremden, mit deinem Chef, mit den Angestellten. Du bist vierundzwanzig Stunden am Tag in Beziehung.

Am Anfang ist es tatsächlich beängstigend, wenn du dich überall zeigst, wie du bist, aber bald wirst du dich stärker fühlen, denn wenn die Wahrheit offenliegt, gewinnt sie an Kraft und die Unwahrheit schwindet. Wenn die Wahrheit zunimmt, bekommst du Wurzeln, wirst du zentriert, beginnst du ein Individuum zu werden. Die Persönlichkeit verschwindet und stattdessen erscheint deine Individualität.

Die Persönlichkeit ist etwas Unechtes, die Individualität hat Substanz. Die Persönlichkeit ist nur eine Fassade, die Individualität ist deine Wahrheit. Die Persönlichkeit wird dir von außen auferlegt, sie ist eine Persona, eine Maske. Die Individualität ist deine Wirklichkeit – so hat Gott dich gemacht. Die Persönlichkeit ist sozial verfeinert, ein sozialer Anstrich. Die Individualität ist roh, wild, stark und von ungeheurer Kraft.

Doch deine Angst ist verständlich, denn von Kindesbeinen an sind dir Falschheiten beigebracht worden und du hast dich so sehr mit dem Falschen identifiziert, dass es sich fast wie Selbstmord anfühlt, wenn du es loslässt. Und weil du dadurch in eine große Identitätskrise gerätst, bekommst du Angst.

Fünfzig, sechzig Jahre lang bist du ein ganz bestimmter Mensch gewesen. Der Fragesteller muss auf die Sechzig zugehen – sechzig Jahre lang bist du also ein ganz bestimmter Mensch gewesen. Jetzt, in der letzten Phase deines Lebens, erscheint es dir bedrohlich, diese Identität loszulassen und dich selbst noch einmal von Grund auf neu kennen zu lernen. Der Tod kommt jeden Tag ein Stückchen näher. Ist das die richtige Zeit, um eine neue Lektion zu lernen? Wer weiß, ob du in der Lage bist, sie zu beenden? Wer weiß, vielleicht verlierst du deine alte Identität und hast nicht genug Zeit und Energie, nicht genug Mut, um dir eine neue Identität anzueignen. Wirst du dann ohne Identität sterben? Ohne Identität zu leben wäre Wahnsinn. Dein Herz krampft sich zusammen, es rutscht dir in die Hose. Du denkst: »Die paar Tage kann ich ruhig noch so weitermachen. Besser, ich bleibe beim Altvertrauten, beim Sicheren und Bequemen.« Darin hast du Geschick entwickelt. Und schließlich hast du viel darin investiert; sechzig Jahre deines Lebens hast du da hineingesteckt.

Irgendwie bist du über die Runden gekommen, irgendwie hast du ein Bild von dir entwickelt, wer du bist. Und jetzt sage ich dir, du sollst diese Vorstellung fallen lassen, weil du das nicht bist!

Du brauchst keine Vorstellung von dir, um dich selbst zu kennen. Tatsächlich musst du alle Vorstellungen fallen lassen, nur dann weißt du, wer du bist.

Angst ist etwas Natürliches. Verurteile sie nicht und habe nicht das Gefühl, es sei etwas falsch daran. Sie ist einfach ein Teil deiner gesellschaftlichen Erziehung. Wir müssen sie akzeptieren und darüber hinausgehen, ohne sie zu verdammen. Zeige dich nach und nach so, wie du bist. Es ist nicht nötig, irgendwelche Sprünge zu machen, die du nicht verkraften kannst. Gehe schrittweise und ganz allmählich vor. Schon bald wirst du den Geschmack der Freiheit kennen lernen und wirst überrascht feststellen, dass diese ganzen sechzig Jahre reine Verschwendung waren. Deine alte Identität wird verschwinden und du wirst eine ganz neue Einstellung bekommen, keine Identität, sondern eher eine neue Sichtweise, eine neue Art, die Dinge zu sehen, eine neue Perspektive. Wenn du ›Ich‹ sagst, wird nichts mehr dahinter stehen. Du wirst das Wort gebrauchen, weil es nützlich ist, aber dir ist dabei ständig bewusst, dass es überhaupt keine Bedeutung hat, keinen Inhalt, keine existenzielle Substanz; dass hinter diesem ›Ich‹ ein Ozean liegt, der unermesslich weit und göttlich ist.

Du wirst nie wieder eine neue Identität erlangen. Deine alte Identität ist verschwunden und du wirst dich zum ersten Mal als eine Welle im Ozean Gottes wahrnehmen. Und das ist keine Identität, weil du nicht darin enthalten bist. Du bist verschwunden, überwältigt vom Göttlichen.

Wenn du das Falsche aufs Spiel setzen kannst, kann die Wahrheit dir gehören. Und das ist es wert, denn du riskierst nur das Falsche und gewinnst dabei die Wahrheit. Du riskierst nichts und gewinnst alles.

Die Persönlichkeit ist etwas Unechtes, die Individualität hat Substanz. Die Persönlichkeit ist nur eine Fassade, die Individualität ist deine Wahrheit. Die Persönlichkeit wird dir von außen auferlegt, sie ist eine Persona, eine Maske. Die Individualität ist deine Wirklichkeit – so hat Gott dich gemacht.

Ich habe gemerkt, dass ich mich mit mir selber langweile und keinen Lebenssaft in mir spüre. Du hast uns geraten, uns zu akzeptieren, wie wir sind. Aber ich kann das Leben nicht akzeptieren, wenn ich weiß, dass mir die innere Freude fehlt. Was soll ich tun?

Ich habe von einem neuen Beruhigungsmittel gehört, das nicht entspannt – es bewirkt nur, dass du auf deine Verspanntheit erst richtig abfährst. Probier's aus! Probier's und probier's und probier's noch mal – sei ein Amerikaner! Aber nicht öfter als dreimal. Dann höre damit auf, denn man muss ja nicht albern sein!

Du fragst mich: »Ich habe gemerkt, dass ich mich mit mir selber langweile …«

Das ist eine großartige Entdeckung. Ja wirklich! Nur wenige Menschen sind sich ihrer Langeweile bewusst. Und sie sind gelangweilt, total gelangweilt. Alle anderen wissen es, nur sie selbst nicht. Zu wissen, dass man gelangweilt ist, ist ein guter Anfang. Jetzt kommt es darauf an, ein paar Dinge zu verstehen. Der Mensch ist das einzige Lebewesen, das Langeweile empfindet. Das ist ein außerordentliches Privileg, es gehört zur Würde des Menschen. Habt ihr je einen gelangweilten Büffel oder einen gelangweilten Esel gesehen? Sie langweilen sich nicht. Langeweile bedeutet, dass du das falsche Leben führst. Diese Einsicht – »Ich langweile mich, es muss etwas geschehen, eine Transformation ist nötig« – kann ein ganz wichtiges Ereignis werden. Denke also nicht, es sei schlimm, dass du gelangweilt bist – es ist ein gutes Zeichen, ein guter Anfang, ein sehr viel versprechender Anfang. Aber bleibe nicht dabei stehen.

Warum langweilt man sich? Man langweilt sich, weil man in toten Verhaltensmustern lebt, die einem andere mitgegeben haben. Gib diese Muster auf, befreie dich aus diesen Mustern! Fange ein eigenständiges Leben an.

Es geht im Leben nicht um Geld, Macht und Prestige; es geht darum, was man im Innersten tun möchte. Tue es, ohne

Rücksicht darauf, was dabei herauskommt, und deine Langeweile wird verschwinden. Offenbar folgst du den Ideen anderer; offenbar machst du alles richtig, machst du alles so, wie es sich gehört ... Genau das sind die Grundsteine der Langeweile.

Die gesamte Menschheit langweilt sich, denn wer ein Mystiker hätte werden sollen, ist Mathematiker; wer ein Mathematiker hätte werden sollen, ist Politiker; wer ein Dichter hätte werden sollen, ist Geschäftsmann. Jeder ist woanders. Niemand ist da, wo er sein sollte. Es gilt etwas zu riskieren. Deine Langeweile kann in einem einzigen Moment verschwinden, wenn du risikobereit bist.

Du fragst mich: »Ich habe gemerkt, dass ich mich mit mir selber langweile.« Du bist dir langweilig, weil du nicht aufrichtig mit dir gewesen bist, weil du nicht ehrlich zu dir gewesen bist, weil du dein eigenes Sein nicht respektiert hast.

Und du sagst: »Ich spüre keinen Lebenssaft in mir.« Wie spürt man denn den Lebenssaft? Er strömt nur, wenn du tust, was du tun möchtest, was auch immer es ist.

Vincent van Gogh war glücklich, wenn er nur malen konnte. Kein einziges Gemälde wurde verkauft, kein Mensch fand ihn jemals gut. Er litt Hunger, er starb fast vor Hunger, denn sein Bruder gab ihm nur eine kleine Geldsumme, die gerade zum Überleben reichte. So fastete er immer vier Tage in der Woche und an drei Tagen aß er. Er musste die vier Tage fasten, denn woher sollte er sonst seine Leinwand, seine Farben und Pinsel nehmen? Trotzdem war er unbeschreiblich glücklich, denn seine Lebensenergie strömte.

Er starb mit nur dreiunddreißig Jahren. Er beging Selbstmord, aber sein Selbstmord ist weit besser als euer so genanntes Leben, denn er beging erst Selbstmord, nachdem er genau das gemalt hatte, was er hatte malen wollen. An dem

Tag, als er, wie es sein sehnlichster Wunsch gewesen war, das Bild eines Sonnenuntergangs vollendete, schrieb er in einem Brief: »Mein Werk ist vollendet, ich habe mich erfüllt; unendlich zufrieden verlasse ich diese Welt.«

Er beging Selbstmord, doch ich würde es nicht Selbstmord nennen. Er lebte total, er ließ die Kerze seines Lebens mit ungeheurer Intensität an beiden Enden zugleich abbrennen.

Du magst hundert Jahre lang leben, aber dein Leben wird knochentrocken sein, nur eine Last, eine tote Last.

Du sagst: »Du hast uns geraten, uns zu akzeptieren, wie wir sind. Aber ich kann das Leben nicht akzeptieren, wenn ich weiß, dass mir eine innere Freude fehlt.«

Wenn ich sage: »Akzeptiere dich«, so meine ich damit nicht: »Akzeptiere dein Lebensmuster.« Versuche nicht, mich misszuverstehen! Wenn ich sage: »Akzeptiere dich«, meine ich damit: »Lehne alles andere ab – akzeptiere dich selbst.« Doch du musst es auf deine eigene Art interpretiert haben. So geht es oft ...

Ein Marsmensch landet seine fliegende Untertasse in Manhattan. Kaum ist er ausgestiegen, kommt ein Bettler auf ihn zu: »Mister«, sagt der Mann, »hätten Sie vielleicht einen Dime für mich?«

Der Marsmensch fragt: »Was ist ein Dime?«

Der Bettler denkt einen Augenblick nach und sagt dann: »Sie haben Recht. Hätten Sie vielleicht einen Dollar?«

Was du da verstanden hast, habe ich nicht gesagt. Lehne alles ab, was man dir aufgezwungen hat. Ich sage nicht: »Akzeptiere es.« Akzeptiere deinen innersten Kern, den du aus dem Jenseits mitgebracht hast, dann wirst du nicht das Gefühl haben, dass dir etwas fehlt. In dem Augenblick, in dem du dich bedingungslos akzeptierst, kommt es plötzlich zu einem Freudenausbruch. Deine Lebensenergie fängt an zu strömen und das Leben wird ekstatisch.

Die Freunde eines jungen Mannes meinten, er sei tot, doch er lag nur im Koma. Kurz bevor er beerdigt werden sollte, gab er schließlich doch noch ein Lebenszeichen von sich. Da fragten sie ihn, wie es sei, wenn man tot ist.

»Tot?«, rief er. »Ich war nicht tot. Ich habe alles mitbekommen, was passiert ist. Und ich wusste auch, dass ich nicht tot war, denn meine Füße waren kalt und ich war hungrig.«

»Aber wieso hast du daraus geschlossen, dass du noch am Leben warst?«, fragte einer der Neugierigen.

»Na ja, mir war klar, dass ich im Himmel keinen Hunger mehr hätte und an dem anderen Ort keine kalten Füße.«

Du kannst sicher sein, dass du noch nicht tot bist: Du hast Hunger und deine Füße sind kalt. Steh einfach auf und jogge ein bisschen!

Ein armer ungebildeter Mann ohne jeden gesellschaftlichen Schliff verliebte sich in eine Millionärstochter. Sie lud ihn ein, ihre Eltern auf ihrem eleganten Landsitz kennen zu lernen. Eingeschüchtert durch die luxuriöse Einrichtung, die Dienerschaft und all die andern Attribute des Wohlstandes, schaffte er es trotzdem, entspannt zu wirken – bis es zum Abendessen kam. Am pompösen Esstisch, angeheitert durch den Wein, furzte er plötzlich laut.

Der Vater des Mädchens schaute auf, sah auf seinen Hund, der zu Füßen des bemitleidenswerten jungen Mannes lag, und sagte drohend: »Rover!«

Der junge Mann war erleichtert, dass dem Hund die Schuld zugeschoben wurde, und so furzte er wenige Minuten später noch mal. Sein Gastgeber sah wieder den Hund an und sagte diesmal mit noch lauterer Stimme: »Rover!«

Wenige Minuten später furzte er zum dritten Mal. Das Gesicht des reichen Mannes verzerrte sich vor Wut und er brüllte: »Rover, mach, dass du rauskommst, bevor er dich von oben bis unten vollscheißt!«

Noch ist es Zeit – mach, dass du rauskommst aus dem Gefängnis, in dem du bis jetzt gelebt hast!

Es gehört nur etwas Mut dazu – der Mut des Spielers. Und vergiss nicht: Es gibt nichts zu verlieren. Du kannst nur deine Fesseln verlieren, du kannst deine Langeweile verlieren, du kannst das nagende Gefühl verlieren, dass dir etwas fehlt. Was gibt es noch zu verlieren? Komm raus aus dem alten Geleise und akzeptiere dein eigenes Wesen – gleichgültig, was Moses, Jesus, Buddha, Mahavira oder Krischna sagen. Akzeptiere dich.

Du bist keinem Buddha oder Zarathustra oder Kabir oder Nanak verantwortlich; du bist nur dir selbst verantwortlich.

Sei verantwortlich! Und wenn ich das Wort ›verantwortlich‹ gebrauche, verstehe es bitte nicht falsch. Ich spreche nicht von Pflichten und Verantwortlichkeiten, ich benutze das Wort nur in seiner wörtlichen Bedeutung: Antworte auf die Wirklichkeit – sei verantwortlich.

Du musst ein verantwortungsloses Leben geführt haben und bist wohl allen möglichen Pflichten nachgekommen, weil die anderen es so von dir erwarten. Was hast du schon zu verlieren? Du langweilst dich – ein guter Ausgangspunkt. Dir fehlt der Lebenssaft – was ist sonst noch nötig, um aus dem Gefängnis auszubrechen? Spring raus, schau nicht zurück!

Es heißt immer: Denk nach, bevor du springst. Meine Devise lautet: Springe erst. Danach kannst du so viel denken, wie du willst!

Sei verantwortlich! Und wenn ich das Wort ›verantwortlich‹ gebrauche, verstehe es bitte nicht falsch. Ich spreche nicht von Pflichten und Verantwortlichkeiten, ich benutze das Wort nur in seiner wörtlichen Bedeutung: Antworte auf die Wirklichkeit – sei verantwortlich.

Meditation gegen die Angst vor der Leere

Nimm dir vor, jeden Abend vor dem Schlafengehen deine Augen zu schließen und zwanzig Minuten lang in deine Leere einzutauchen. Akzeptiere sie und lass sie da sein. Angst kommt auf – lass auch sie da sein. Zittere vor Angst, aber lehne diesen Raum nicht ab, der da in dir entsteht. Nach ein oder zwei Wochen wirst du seine Schönheit und seinen Segen fühlen können. Wenn du einmal mit diesem Segen in Berührung gekommen bist, wird die Angst von selbst verschwinden. Kämpfe nicht mit ihr.

Knie dich auf den Boden oder setze dich bequem hin. Wenn dein Kopf sich vornüber neigt, lass es zu. Du wirst eine ähnliche Haltung einnehmen wie im Mutterleib, wie ein Kind, das im Mutterleib ruht. Wenn dein Kopf die Knie oder den Boden berührt, lass es einfach zu. Gehe in deinen eigenen Mutterleib hinein und verweile dort. Keine Technik, kein Mantra, keine Anstrengung – sei einfach nur da. Mache dich nur mit dem vertraut, was ist. Es ist etwas, was du nie gekannt hast. Dein Verstand ist besorgt, denn das kommt aus einer ganz anderen, unbekannten Dimension. Der Verstand wird damit nicht fertig. Er kennt so etwas noch nicht, er ist verwirrt und möchte es einordnen und benennen.

Der Verstand ist das Bekannte und Gott ist das Unbekannte. Das Unbekannte wird nie Teil des Bekannten werden. Wenn es Teil des Bekannten würde, wäre es nicht mehr der unbekannte Gott. Das Unbekannte bleibt unerkennbar. Selbst wenn du es erfahren hast, bleibt es unbekannt. Das Geheimnis wird nie gelöst. Es ist von Natur aus unlösbar.

Gehe also jeden Abend in diesen inneren Raum. Die Angst wird da sein, das Zittern wird da sein; auch das ist in Ordnung. Allmählich wird die Angst nachlassen und die Freude wird immer stärker. Innerhalb von drei Wochen wirst du eines Tages plötzlich so viel Segen, so viel Energie in dir aufsteigen fühlen, solch eine freudige Qualität deines Seins, als sei die Nacht vorbei und die Sonne über dem Horizont aufgegangen.

Meditation zur Auflösung alter Angstmuster

Ich habe festgestellt, dass ich noch immer ein Schema wiederhole, das ich als Kind gelernt habe. Immer wenn meine Eltern mich gescholten haben oder etwas Negatives über mich gesagt haben, habe ich einfach abgeschaltet und bin davongerannt, um mich zu trösten und mir einzureden, ich käme auch ohne sie aus. Ich merke, dass ich mich meinen Freunden gegenüber genauso verhalte.

Das ist nur eine alte Gewohnheit, die erstarrt ist. Versuche, das Gegenteil davon zu tun. Immer wenn du merkst, wie du dich verschließt, öffne dich. Willst du weglaufen, tue es nicht; willst du nicht reden, rede. Willst du den Streit abbrechen, tue es nicht und stürze dich mit aller Kraft hinein.

Immer wenn eine Situation entsteht, die Angst erzeugt, gibt es zwei Möglichkeiten: Entweder du kämpfst oder du fliehst. Ein kleines Kind kann normalerweise nicht kämpfen, schon gar nicht in traditionell geprägten Ländern. In Amerika dagegen wird ein Kind so wild anfangen zu kämpfen, dass die Eltern die Flucht ergreifen! Aber in alten Gesellschaften, in Familien, in denen die traditionellen Werte noch sehr stark sind, kann ein Kind nicht kämpfen. Der einzige Ausweg besteht dann darin, sich zu verschließen, sich in sich selbst einzuwickeln, um sich zu schützen. Dadurch hast du den Trick der Flucht gelernt.

Um das aufzulösen, gibt es nur eine Möglichkeit: Wenn du jetzt das Gefühl hast, du möchtest fliehen, dann bleibe, wo du bist, sei stur und liefere einen guten Kampf. Versuche einen Monat lang das Gegenteil vom Gewohnten zu tun, dann sehen wir weiter. Wenn du jedes Mal das Gegenteil tun kannst, wird dir aufgehen, wie du beides sein lassen kannst. Man muss beides fallen lassen, weil man nur so furchtlos wird und weil beides falsch ist. Weil aber das eine Falsche zu tief in dich eingedrungen ist, muss es jetzt erst durch das Gegenteil ausgeglichen werden.

Sei also einen Monat lang in allen Dingen ein richtiger Krieger. Und du wirst dich sehr gut dabei fühlen, wirklich sehr gut. Denn immer wenn man flieht, fühlt man sich schlecht und unterlegen. Sich zu verschließen ist ein feiger Trick. Werde tapfer. Danach lassen wir beides fallen, denn Tapferkeit ist im Grunde nichts anderes als Feigheit. Wenn Tapferkeit und Feigheit verschwinden, dann wird man furchtlos. Also versuche es!

Meditation für Vertrauen

Wenn es dir schwer fällt zu vertrauen, dann musst du in deine Vergangenheit zurückgehen und tief in deinen Erinnerungen nachgraben. Du musst deinen Verstand von alten Eindrücken reinigen. Wahrscheinlich liegt da ein großer Haufen Müll aus deiner Vergangenheit. Wirf ihn weg!

Und der Schlüssel dazu ist: Wenn du in die Vergangenheit zurückgehst, dann lass es nicht nur eine Erinnerung sein, sondern mache es zu einem Wiedererleben. Mache eine Meditation daraus. Gehe jeden Abend eine Stunde lang in die Vergangenheit zurück und versuche alles herauszufinden, was sich in deiner Kindheit ereignet hat. Je tiefer du gehen kannst, umso besser, denn wir verbergen vieles, was geschehen ist, und erlauben ihm nicht, ins Bewusstsein aufzutauchen. Gestatte den Erinnerungen an die Oberfläche zu kommen. Wenn du jeden Tag zurückgehst, wirst du in immer tiefere Gefühlsschichten eindringen. Zuerst wirst du dich an die Zeit erinnern, als du vier oder fünf Jahre alt warst, weiter wirst du nicht gehen können. Plötzlich stehst du vor einer Chinesischen Mauer. Aber gehe trotzdem immer wieder dorthin zurück. Nach und nach wirst du merken, dass du tiefer gehen kannst: bis zum dritten Lebensjahr, bis zum zweiten Lebensjahr. Manche Menschen sind bis zum Zeitpunkt ihrer Geburt zurückgegangen. Es gibt sogar Menschen, die sich an die Zeit im Mutterleib erinnern, und manche können sogar noch weiter zurückgehen, bis zu ihrem Tod im früheren Leben.

Wenn du zu deiner Geburt zurückgehen und diesen Augenblick wieder erleben kannst, wird das eine Erfahrung der Todesangst und des Schmerzes sein. Du wirst dich beinahe so fühlen, als würdest du deine Geburt noch einmal durchleben. Vielleicht schreist du genauso, wie das Kind zum ersten Mal geschrien hat. Du meinst vielleicht, du erstickst, genauso wie das Kind zu ersticken glaubte, als es aus dem Mutterleib herauskam, weil es ein paar Sekunden lang nicht atmen konnte. Da war ein überwältigendes Gefühl zu ersticken. Dann schrie es und der Atem kam, die Atemwege öffneten sich und seine Lungen begannen zu funktionieren.

Bis dahin musst du möglicherweise zurückgehen, um von dort dann wiederzukommen – Stück für Stück, Tag für Tag. Es kann etwa drei bis neun Monate dauern und jeden Tag wirst du dich ein bisschen befreiter fühlen und gleichzeitig wird Vertrauen entstehen. Wenn die Vergangenheit transparent ist und du alles gesehen hast, was geschah, dann bist du davon frei. Das ist der Schlüssel: Sobald dir alles bewusst ist, was in deinem Gedächtnis ruht, bist du davon frei. Dann wirst du vertrauen können. Bewusstheit befreit, Unbewusstheit erschafft einen Zwang.

Meditation zur Verwandlung von Angst in Liebe

Du kannst auf einem Stuhl sitzen oder in jeder anderen Stellung, in der du bequem sitzt. Dann lege deine Hände in den Schoß, wobei die rechte Hand unter der linken Hand liegt. Diese Position ist wichtig, denn die rechte Hand ist mit der linken Gehirnhälfte verbunden, und Angst kommt immer aus der linken Gehirnhälfte. Die linke Hand ist mit der rechten Gehirnhälfte verbunden, woher der Mut kommt.

Die linke Gehirnhälfte ist der Sitz der Vernunft und die Vernunft ist ein Feigling. Darum findet man nie einen Menschen, der mutig und intellektuell zugleich ist. Und wenn man einen mutigen Menschen findet, ist er bestimmt kein

Intellektueller. Er wird sich irrational verhalten; das geht gar nicht anders, denn die rechte Gehirnhälfte ist intuitiv.

Diese Handhaltung ist also symbolisch, aber nicht nur das; sie bringt die Energien in eine bestimmte Position, in eine bestimmte Beziehung zueinander. Die rechte Hand sollte also unter der linken liegen und die beiden Daumen berühren einander.

Dann entspanne dich, schließe die Augen und lass den Unterkiefer locker – ohne Anstrengung, ganz entspannt, sodass du durch den Mund atmest. Atme nicht durch die Nase, sondern lass den Atem durch den Mund strömen; das ist sehr entspannend.

Wenn du nicht mehr durch die Nase atmest, kann das alte Denkmuster nicht mehr funktionieren. Es ist etwas Neues und ein neues Atemmuster unterstützt die Entstehung einer neuen Gewohnheit.

Und zweitens wird, wenn du durch den Mund atmest, dein Gehirn nicht stimuliert. Der Atem geht dann nicht zum Gehirn, sondern direkt in den Brustkorb. Sonst wird ständig das Gehirn massiert und stimuliert. Das ist auch der Grund, warum der Atem immer wechselt: Wenn er durch das eine Nasenloch strömt, wird die eine Gehirnhälfte stimuliert, und wenn er zum andern Nasenloch überwechselt, die andere. Dieser Wechsel findet alle vierzig Minuten statt.

Sitze also einfach in dieser Stellung und atme durch den Mund. Die Nase ist zweigeteilt, aber der Mund ist eine Einheit. Darum findet kein Wechsel statt, wenn du durch den Mund atmest. Wenn du eine Stunde lang so sitzt, wirst du immer auf die gleiche Art atmen. Es ändert sich nichts; du bleibst in demselben Zustand. Aber wenn du durch die Nase atmest, bleibt dein Zustand nicht gleich, er ändert sich automatisch, ohne dass du es merkst.

Durch diese Art zu atmen entsteht ein neuer, sehr stiller, nicht-dualistischer Zustand der Entspannung in dir und deine Energie kann in neuen Bahnen fließen. Sitze mindestens vierzig Minuten lang einfach still, ohne etwas zu tun. Du kannst es allmählich auf eine Stunde ausdehnen, aber mache es jeden Tag.

Und unterdessen lasse keine Gelegenheit aus, nimm jede Chance wahr, die sich dir bietet. Wähle immer das Leben, wähle immer das Tun. Ziehe dich nie zurück, ergreife nie die Flucht. Freue dich über jede Gelegenheit, etwas zu tun und kreativ zu sein.

Und die letzte Frage: Die Angst vor Gott

Ist die Vorstellung von Gott als einer Person, die über uns wacht – und sei es nur als Hypothese –, nicht doch irgendwie sinnvoll? Denn allein der Gedanke, diese Vorstellung aufzugeben, macht mir große Angst.

Warum hast du Angst davor, die Vorstellung von Gott aufzugeben? Sicher schützt dich diese Vorstellung irgendwie davor, Angst zu haben, und kaum lässt du sie los, da taucht die Angst wieder auf. Sie ist also nichts anderes als eine Art psychologischer Schutz.

Ein neugeborenes Kind hat zwangsläufig Angst. Im Mutterleib hatte es keine Angst. Ich habe noch nie gehört, dass ein Kind im Mutterleib daran gedacht hätte, in die Synagoge oder in die Kirche zu gehen, die Bibel, den Koran oder die Gita zu lesen, oder dass es sich überhaupt darum schert, ob es einen Gott gibt oder nicht. Ich kann mir nicht vorstellen, dass ein Kind im Mutterleib irgendein Interesse an Gott, am

Teufel, an Himmel oder Hölle haben sollte. Wozu auch? Es ist bereits im Paradies. Das Leben könnte nicht besser sein.

Völlig geborgen in seinem warmen, behaglichen Heim, schwimmt es in einer nährenden Flüssigkeit. Und erstaunlicherweise wächst das Kind in diesen neun Monaten verhältnismäßig schneller als in den nächsten neunzig Jahren. In neun Monaten legt es eine immens lange Reise zurück; sozusagen aus nichts entsteht ein neues Wesen. In neun Monaten durchläuft es Millionen Jahre der Evolution – sämtliche Phasen vom allerersten Lebewesen bis zum heutigen Tag.

Und sein Leben ist vollkommen behütet: Es braucht keinen Job zu suchen, es hat keine Angst zu verhungern. Im mütterlichen Körper wird es mit allem versorgt. Doch diese neun Monate, die das Kind in völliger Sicherheit im Mutterleib verbringt, sind die Ursache eines Problems, das zur Entstehung eurer so genannten Religionen geführt hat.

Das Erste, was das Kind erfährt, wenn es aus dem Mutterleib kommt, ist Angst.

Das ist ganz natürlich, denn es hat ja sein Zuhause verloren und alle Sicherheit ist dahin. Seine Wärme, seine Umgebung, seine ganze ihm vertraute Welt sind verloren gegangen und es wird in eine fremde Welt geworfen, von der es nichts weiß.

Nun muss es selbst anfangen zu atmen. Es dauert ein paar Sekunden, bis das Kind begreift, dass es nun selber atmen muss – die Atmung der Mutter hilft ihm nicht mehr. Und um es zur Besinnung zu bringen, hält es der Arzt an den Füßen hoch und haut ihm feste auf den Hintern. Was für ein Anfang! Und was für ein Willkommen!

Wegen dieses Schlages fängt das Kind an zu atmen. Hast du schon einmal beobachtet, wie sich deine Atmung verändert, wenn du Angst hast? Wenn nicht, kannst du es jetzt nachholen. Immer wenn du Angst bekommst, verändert sich sofort deine Atmung. Und wenn du dich sicher und geborgen fühlst und vor nichts Angst hast, dann spürst du, wie ausgeglichen deine Atmung ist, wie sie ganz harmonisch und ruhig wird. In tiefer Meditation kommt es manchmal vor, dass du meinst, deine Atmung stünde still. Sie steht nicht still, aber sie ist fast zur Ruhe gekommen.

Hast du schon einmal beobachtet, wie sich deine Atmung verändert, wenn du Angst hast? Wenn nicht, kannst du es jetzt nachholen. Immer wenn du Angst bekommst, verändert sich sofort deine Atmung.

Für das Kind steht also am Anfang die Angst vor allem. Neun Monate lang hat es im Dunkeln zugebracht, doch in dem modernen Krankenhaus, in dem es jetzt geboren wird, gibt es überall nur grelle Neonröhren. Für seine Augen, für seine Netzhaut, die noch nie Licht gesehen hat, nicht einmal Kerzenlicht, ist das zu viel. Dieses Licht ist ein Schock für seine Augen.

Und der Arzt lässt ihm nicht einmal ein paar Sekunden Zeit, er zerschneidet die Nabelschnur, die es noch mit dem Mutterleib verbindet, seine letzte Hoffnung auf Sicherheit. So ein kleines Wesen! Ihr wisst ja, dass kein anderes neugeborenes Lebewesen so hilflos ist wie das menschliche Kind.

Deshalb haben Pferde keine Hypothese von Gott aufgestellt. Auch die Elefanten haben sich nie mit der Idee eines Gottes beschäftigt. Das brauchen sie auch nicht. Ein Elefantenkind fängt sofort an zu laufen, sich umzuschauen und die Welt zu erkunden. Es ist nicht so hilflos wie ein Menschenkind.

Ihr werdet überrascht sein, was alles aus der Hilflosigkeit des Kindes resultiert: eure Familie, eure Gesellschaft, eure Kultur, eure Religion, eure Philosophie – sie alle sind durch die Hilflosigkeit des Kindes bedingt.

Bei den Tieren gibt es keine Familien in unserem Sinne, weil das Junge die Eltern nicht so lange braucht. Nur der Mensch musste sich ein bestimmtes System ausdenken. Vater und Mutter müssen zusammenleben, um für das Kind zu sorgen. Das Kind ist schließlich das Ergebnis ihrer Liebesbeziehung, sie haben es in die Welt gesetzt. Ein Menschenkind könnte man unmöglich sich selbst überlassen, wie das bei vielen Tierkindern der Fall ist. Es würde niemals überleben. Wo sollte es Nahrung finden? Wen könnte es fragen? Was sollte es fragen?

Ist es vielleicht zu früh auf die Welt gekommen? Manche Biologen sind der Meinung, dass das menschliche Kind zu früh geboren wird. Die neun Monate reichen nicht aus, es ist völlig hilflos. Doch so, wie der menschliche Körper gebaut ist, kann die Mutter das Kind nicht länger als neun Monate tragen, sonst stirbt sie. Und ihr Tod würde auch den Tod des Kindes bedeuten.

Man hat ausgerechnet, dass ein Kind, wenn es mindestens drei Jahre im Mutterleib bleiben könnte, wahrscheinlich keinen Vater, keine Mutter, keine Familie, keine Gesellschaft, keine Kultur, keinen Gott und keine Priester bräuchte. Aber das Kind kann nicht drei Jahre im Mutterleib zubringen. Diese merkwürdige biologische Konstellation hat das gesamte menschliche Verhalten und Denken bis hin zur Struktur der Familie und der Gesellschaft geprägt und hat die Angst hervorgebracht.

Die erste Erfahrung des Kindes ist Angst. Und die letzte Erfahrung des alten Menschen ist ebenfalls Angst.

Vergiss nie, dass die Geburt auch eine Art Tod ist. Versetze dich einmal in die Lage des Kindes. Es hat in einer Welt gelebt, die alle seine Bedürfnisse befriedigt hat. Es hat ihm an nichts gefehlt, es hatte keinerlei Verlangen. Es hat sich einfach seines Daseins, seines Wachstums erfreut, und dann wird es plötzlich hinausgeworfen.

Für das Kind ist dies eine Todeserfahrung – der Tod seiner ganzen Welt, seiner Sicherheit, seines behaglichen Zuhauses. Die Wissenschaftler sagen, es sei uns bis heute nicht gelungen, ein Zuhause zu schaffen, das so behaglich ist wie der Mutterleib. Wir haben es immer wieder versucht. Alle unsere Wohnungen sind nichts anderes als Bemühungen, dieses behagliche Zuhause wiederherzustellen.

Selbst Wasserbetten haben wir erfunden, um uns dieses Gefühl zurückzugeben. Auch in einer heißen Badewanne kannst du dich ein wenig wie ein kleines Kind fühlen. Wer sich mit heißen Bädern auskennt, gibt auch noch Salz hinein, weil es im Mutterleib genauso salzig ist wie im Meer. Aber wie lange kannst du in der Badewanne liegen bleiben? Auch unsere Isolationstanks sind eine Suche nach dem verlorenen Mutterschoß.

Sigmund Freud ist kein Erleuchteter, genau genommen ist er ein bisschen verrückt, aber manchmal haben auch Verrückte gute Ideen. Freud glaubte, das Verlangen des Mannes, mit der Frau Liebe zu machen, sei nichts anderes als der Versuch, wieder in den Mutterleib zurückzukommen. Da mag etwas Wahres dran sein. Der Mann ist verrückt und die Idee scheint vielleicht zu weit hergeholt. Aber selbst wenn er verrückt war – einem Mann wie Sigmund Freud muss man sehr genau zuhören.

Ich glaube, darin ist ein Körnchen Wahrheit enthalten: die Suche nach dem Mutterleib, nach dem gleichen Durchgang, durch den der Mann herausgekommen ist. Aber er findet nicht wieder in den Mutterleib zurück, das ist nun einmal so. Stattdessen hat er alle möglichen anderen Dinge geschaffen. Er hat Höhlen, Häuser und Flugzeuge gebaut. Schau dir das Innere eines Flugzeugs an; es wäre kein Wunder, wenn die Leute dort eines Tages in Wannen mit heißem, salzigem Wasser schwimmen würden. Das Flugzeuginnere kann die gleiche Situation simulieren, aber auch das wird dich nicht zufrieden stellen.

Das Kind hat nie etwas anderes gekannt. Und jetzt versuchen wir uns genauso behaglich einzurichten. Du brauchst bloß auf einen Knopf zu drücken und schon ist die Stewardess bei dir. Wir machen es uns so angenehm wie möglich, aber den Mutterleib können wir nicht nachmachen. Dort hast du nicht einmal auf den Knopf drücken müssen. Schon bevor du hungrig warst, bekamst du Nahrung; schon bevor du Luft brauchtest, war sie da. Du musstest dich um gar nichts kümmern. Wenn das Neugeborene also überhaupt etwas empfindet, dann kann es seine Geburt nur als Tod empfinden. Es kann sie nicht als Geburt empfinden. Unmöglich! Das ist unsere Vorstellung, die Vorstellung derer, die draußen stehen. Wir nennen es Geburt.

Und beim zweiten Mal – eines Tages, am Ende eines mühevollen Lebens ... Du hast etwas erreicht – ein kleines Haus, eine Familie, einen kleinen Freundeskreis, ein wenig Wärme, einen kleinen Winkel auf der Welt, wo du dich entspannen und du selbst sein kannst, wo du akzeptiert wirst. Es war nicht einfach. Ein Leben lang hast du dich angestrengt und plötzlich merkst du eines Tages, dass du schon wieder hinausgeworfen wirst.

Der Arzt ist wieder da – ausgerechnet der Mann, der dich schon einmal geschlagen hat! Damals geschah es, um die Atmung in Gang zu setzen. Diesmal, soweit wir es von unserer Seite aus beurteilen können ... Die andere kennen wir ja nicht. Sie bleibt der Phantasie überlassen. Daher Himmel und Hölle – darüber gibt es die wildesten Phantasien. Aber noch befinden wir uns auf dieser Seite und ein Mann stirbt – jedenfalls für unsere Augen. Vielleicht wird er auch wiedergeboren. Aber das weiß nur er und er kann sich jetzt ja nicht mehr umdrehen und sagen: »Macht euch keine Sorgen. Ich bin nicht tot, ich lebe noch.« Er konnte sich schon im Leib seiner Mutter nicht umdrehen, noch einmal zurückschauen und Lebewohl sagen. Genauso wenig kann er sich jetzt umdrehen, die Augen öffnen, sich von euch allen verabschieden und sagen: »Nur keine Sorge, ich sterbe nicht. Ich werde wiedergeboren.«

Die hinduistische Vorstellung von der Wiedergeburt ist nichts anderes als eine Projektion der Geburt. Für den Mutterleib – wenn er denken könnte – ist das Kind tot. Auch das Kind – falls es denken kann – glaubt, dass es stirbt. Doch es wird geboren; es ist kein Tod, es ist eine Geburt. Die Hindus haben die gleiche Vorstellung auf den Tod projiziert. Von dieser Seite sieht es so aus, als würde man sterben, aber von der anderen Seite ... Doch die andere Seite ist unserer Phantasie überlassen. Wir können alles hineinlegen, was wir wollen.

Jede Religion stellt sich die andere Seite auf ihre Art vor, denn jede Gesellschaft und jede Kultur entstammt einem anderen geographischen Raum mit einer anderen Geschichte. Die Tibeter zum Beispiel können sich die andere Seite nicht als etwas Kühles vorstellen. Sie fürchten selbst noch die Kühle, von der Kälte ganz zu schweigen. Die Tibeter denken sich, dass der Tote es schön warm hat. In seiner neuen Welt ist es immer warm.

Ein Inder kann sich nicht vorstellen, dass es immer warm ist. Schon die vier Monate Hitze in Indien sind zu viel! Und dann in alle Ewigkeit warm – da wirst du ja gekocht! Die Hindus hatten keine Ahnung von Air-conditioning, aber die Art, wie sie ihr Paradies beschreiben – beinahe air-conditioned! Immer milde Luft, nicht zu heiß und nicht zu kalt; es ist immer Frühling, indischer Frühling natürlich, alle Blumen blühen, die Lüfte sind voller Blütenduft, die Vögel singen. Alles ist lebendig, doch die Luft ist nicht warm, nur mild; das wird immer wieder betont. Da weht nur milde Luft.

Diese Vorstellungen sind alle nur Projektionen des Verstandes, sonst könnte es nicht bei den Tibetern, den Indern oder den Mohammedanern unterschiedliche Paradiese geben. Der Mohammedaner kann sich die andere Welt nicht als Wüste vorstellen, wo er doch so unter der arabischen Wüste gelitten hat. Für ihn ist die andere Welt eine einzige Oase. Nicht dass du irgendwo nach hundert Meilen an eine kleine Oase mit ein bisschen Wasser und ein paar Bäumen kommst. Nein, ringsherum ist nur Oase und nirgends Wüste.

Das alles projizieren wir. Aber für den sterbenden Menschen ist es der gleiche Prozess, den er schon einmal durchgemacht hat. Es ist eine bekannte Tatsache, dass der Mensch im Augenblick des Todes, vorausgesetzt er wird nicht bewusstlos, sein ganzes Leben vor sich ablaufen sieht, angefangen vom ersten Augenblick, als er geboren wurde. Es scheint bedeutungsvoll zu sein, dass er sich alles Geschehene noch einmal ansehen kann, bevor er die Welt verlässt. In nur wenigen Sekunden läuft seine ganze Biographie vor ihm ab, genau wie im Kino. Es geht blitzschnell: In einem zweistündigen Kinofilm sind meist nur einige Jahre untergebracht. Wenn dein Leben in der gleichen Geschwindigkeit vor dir abliefe, würdest du zwei Jahre lang im Kino sitzen. Wer könnte sich das leisten? Nein, der Kalender läuft rasend schnell ab und die Altersstufen ändern sich rasch. Im Moment des Todes geht alles sehr viel schneller. In einem einzigen Augenblick rast das ganze Leben an einem vorbei und hält bei der ersten Lebensminute an. Genau der gleiche Prozess wiederholt sich noch einmal. Der Kreis des Lebens hat sich geschlossen.

Wisst ihr, warum ich euch daran erinnern wollte? Weil euer Gott nichts anderes ist als die Angst eures ersten Lebenstages, die bis zum letzten Augenblick immer größer und größer wird. Deshalb kann es sich ein junger Mensch vielleicht noch leisten, Atheist zu sein, aber im Alter wird es brenzlig. Wenn er mit einem Bein schon im Grab steht und du ihn auf der Schwelle des Todes fragst: »Bist du noch Atheist?«, dann wird er antworten: »Das muss ich mir noch mal genau überlegen«, aus Angst, was mit ihm passieren wird, wenn seine ganze Welt sich auflöst.

Du sagst: »Sobald ich daran denke, die Vorstellung von Gott aufzugeben, bekomme ich große Angst.« Das ist ein klares Zeichen dafür, dass du mit dem Felsblock dieser Vorstellung deine Angst unterdrückst. Und in dem Moment, in dem du den Fels beiseite schiebst, kommt die Angst wieder zum Vorschein.

Wenn Angst aufkommt, musst du dich ihr stellen. Es hilft dir nichts mehr, sie mit der Vorstellung von Gott zuzudecken. Du kannst nicht einfach wieder in deinen alten Glauben zurückfallen. Damit ist es vorbei. Du kannst nicht mehr an Gott glauben, denn der Zweifel ist jetzt eine Realität und der Glaube eine Fiktion. Und keine Fiktion kann einer Tatsache standhalten. Gott wird ab jetzt für dich eine Hypothese sein und damit verlieren deine Gebete ihren

Sinn. Du weißt, dass es eine Hypothese ist, das kannst du nicht mehr vergessen.

Wenn du die Wahrheit einmal begriffen hast, dann kannst du sie unmöglich wieder vergessen. Das ist eine der Eigenschaften der Wahrheit, dass man sich nicht an sie zu erinnern braucht. An die Lüge musst du dich stets erinnern, sonst könntest du sie vergessen. Jemand, der ständig lügt, braucht ein besseres Gedächtnis als jemand, der immer die Wahrheit spricht, weil ein aufrichtiger Mensch sich nichts merken muss. Wenn du nur die Wahrheit sagst, brauchst du dich an nichts zu erinnern. Aber wenn du lügst, musst du dir genau merken, wem du diese Lüge und wem du jene Lüge erzählt hast, und alles im Kopf behalten. Und wenn dir jemand Fragen dazu stellt, musst du immer neue Lügen erfinden. Lügen halten nichts von Geburtenkontrolle.

Die Wahrheit ist zölibatär, sie hat keine Kinder. Tatsächlich ist sie nicht einmal verheiratet.

Wenn du die Wahrheit einmal begriffen hast, dann kannst du sie unmöglich wieder vergessen. Das ist eine der Eigenschaften der Wahrheit, dass man sich nicht an sie zu erinnern braucht.

Wenn du erst einmal verstanden hast, dass Gott nur eine Hypothese ist, die von den Priestern, den Politikern, der Machtelite und den Pädagogen erfunden wurde – von all jenen, die dich psychologisch versklaven wollen, die ein persönliches Interesse an deiner Versklavung haben ... Sie alle möchten, dass du ständig in Angst lebst, dass du innerlich zitterst, denn wenn keine Angst da ist, stellst du eine Gefahr dar.

Du kannst also entweder ein Feigling sein, ängstlich, fügsam, unterwürfig, jemand, der keine Würde und keine Selbstachtung hat – oder du kannst furchtlos sein. Aber dann bist du unvermeidlich ein Rebell. Entweder du bist ein Mensch, der glaubt, oder du wirst ein rebellischer Geist. Die Leute also, die nicht möchten, dass ihr Rebellen seid, weil eure Rebellion gegen ihre Interessen gerichtet wäre, zwingen euch eine Konditionierung als Christen, als Mohammedaner oder Hindus auf, damit ihr vor Angst zittert. Darauf beruht ihre Macht. Alle, die Macht ausüben wollen, die ihr ganzes Leben lang nur nach Macht streben, ziehen aus dieser Hypothese von Gott ungeheuren Nutzen.

Wenn du Angst vor Gott hast – und wer an Gott glaubt, muss notwendigerweise Angst haben –, dann musst du seine Gebote befolgen, seine heiligen Schriften einhalten, seinem Messias, seiner Verkörperung oder seinem Stellvertreter nachfolgen. Du musst ihm und seinen Agenten gehorchen.

Doch tatsächlich existieren nur diese Agenten, Gott gibt es überhaupt nicht! Das ist in der Tat ein seltsames Geschäft. Religion ist das seltsamste Geschäft überhaupt. Es gibt keinen Boss, sondern nur die Vermittler: den Priester, den Bischof, den Kardinal, den Papst, den Messias, die ganze Hierarchie – und oben drüber ist niemand.

Jesus, der eingeborene Sohn, bezieht seine Macht und Autorität von Gott. Der Papst, der einzige wahre und unfehlbare Stellvertreter, bezieht seine Autorität von Jesus, und so geht es immer weiter bis hinab zum untersten Priester. Aber einen Gott gibt es nicht, es ist nur deine Angst. Du wolltest, dass Gott erfunden wird, weil du nicht alleine leben konntest. Du warst unfähig, dem Leben mit seinen Schönheiten, seinen Freuden, seinen Leiden und seinen Nöten gegenüberzutreten.

Du warst nicht bereit, sie alleine zu erfahren, ohne dass dich jemand beschützt, ohne dass jemand als Schutzschirm funktioniert. Aus lauter Angst hast du nach einem Gott verlangt. Und Helfershelfer gibt es natürlich überall. Du brauchst nur darum zu bitten und sie erledigen alles für dich.

Diese Vorstellung von Gott, die dich vor der Angst bewahrt, musst du loslassen. Du musst durch die Angst hindurchgehen und sie als menschliche Realität akzeptieren. Man braucht nicht davor wegzulaufen, im Gegenteil, man muss tief in sie hineingehen. Und je tiefer du in deine Angst hineingehst, umso weniger existiert sie.

Wenn du den tiefsten Grund der Angst erreicht hast, wirst du einfach nur lachen. Es gibt nichts zu fürchten.

Diese Vorstellung von Gott, die dich vor der Angst bewahrt, musst du loslassen. Du musst durch die Angst hindurchgehen und sie als menschliche Realität akzeptieren.

Wenn die Angst verschwindet, taucht Unschuld auf. Und diese Unschuld ist das höchste Gut, die eigentliche Essenz eines religiösen Menschen.

Diese Unschuld ist Macht. Diese Unschuld ist das einzige Wunder, das es gibt.

Aus dieser Unschuld kann alles geschehen. Doch sie macht dich nicht zum Christ oder zum Mohammedaner. In dieser Unschuld bist du einfach nur ein gewöhnlicher Mensch, der seine Gewöhnlichkeit ohne Vorbehalte annimmt und frohen Herzens lebt; ein Mensch, der der ganzen Existenz dankbar ist – nicht Gott, denn das ist eine Vorstellung, die dir andere eingepflanzt haben.

Die Existenz ist keine Vorstellung. Sie umgibt dich überall, innen wie außen. Wenn du vollkommen unschuldig bist, entsteht eine tiefe Dankbarkeit in dir – ich will es nicht Gebet nennen, weil du im Gebet um etwas bittest, ich möchte es eine tiefe Dankbarkeit nennen, die in dir aufsteigt. Anstatt um etwas zu bitten, dankst für etwas, das du schon bekommen hast.

So vieles ist dir schon gegeben worden. Hast du es dir verdient? Die Existenz schüttet so viel über dir aus, dass es einfach unschön wäre, um mehr zu bitten. Sei doch dankbar für all das, was du bekommen hast. Und das Schönste daran ist: Wenn du dankbar bist, gibt dir die Existenz immer mehr und mehr und ein Kreislauf entsteht. Je mehr du bekommst, umso dankbarer wirst du. Je dankbarer du wirst, umso mehr gibt sie dir ... und so geht es immer weiter. Es ist ein Prozess ohne Ende.

Aber vergiss nicht: Die Vorstellung von Gott ist verschwunden. In dem Moment, in dem du sie eine Hypothese genannt hast, ist sie bereits gestorben. Ob du Angst hast oder nicht, sie ist unwiederbringlich vorbei und erledigt.

Jetzt bleibt dir nur übrig, dich auf deine Angst einzulassen. Gehe in aller Ruhe in sie hinein, um ihre Tiefe auszuloten. Und manchmal kommt dabei heraus, dass sie gar nicht sehr tief ist.

Dazu eine Geschichte:

Bei einer nächtlichen Wanderung rutschte ein Mann von einem Felsvorsprung ab. Im letzen Augenblick griff er nach einem Ast, der aus dem Fels ragte, aus Angst, Hunderte von Metern in den Abgrund zu stürzen, denn er wusste, dass der Weg an einem sehr tiefen Tal entlangführte. In der dunklen Nacht war nur der bodenlose Abgrund unter ihm zu erkennen. Er rief um Hilfe, doch nur das Echo seiner Rufe kam zurück. Es war niemand da, der ihn hätte hören können.

Du kannst dir vorstellen, welche Qualen dieser Mann die ganze Nacht über litt. Jeden Augenblick war der Tod gegenwärtig. Seine Hände wurden klamm und er begann den Halt zu verlieren. Und als es endlich hell wurde, schaute er hinab und musste lachen: Da war gar kein Abgrund. Kaum zwanzig Zentimeter unter ihm war ein Felsen, so groß, dass er bequem die ganze Nacht dort hätte ausruhen und schlafen können. Stattdessen war die Nacht ein einziger Albtraum gewesen.

Ich kann euch aus eigener Erfahrung sagen: Die Angst ist nicht mehr als zwanzig Zentimeter tief. Jetzt bleibt es euch überlassen, ob ihr euch noch länger an den Ast klammern und euer Leben zu einem Albtraum machen wollt oder ob ihr lieber den Ast loslasst und auf euren eigenen Füßen steht.

Es gibt nichts zu fürchten.

Über den Autor

Oshos Lehren entziehen sich jeder Kategorisierung. Sie reichen von der individuellen Suche nach Sinn bis hin zu den dringendsten sozialen und politischen Fragen, denen sich unsere heutige Gesellschaft gegenüber sieht. Osho hat nie ein Buch geschrieben. Seine vielen Bücher sind Transkripte von Audio- und Videoaufnahmen spontan gehaltener Vorträge, die er über einen Zeitraum von 35 Jahren gehalten hat und in denen er Fragen seiner Zuhörer beantwortet. Die Londoner *Sunday Times* zählte Osho zu den »1000 Gestaltern des 20. Jahrhunderts«, und der indische *Sunday Mid-Day* reihte ihn ein unter den zehn Menschen, die das Schicksal Indiens in neue Bahnen gelenkt haben – zusammen mit Gandhi, Nehru und Buddha.

Osho hat über sich und sein Wirken gesagt, dass er mithelfe, die Voraussetzungen für die Geburt eines neuen Menschen zu schaffen. Er hat ihn oft als »Zorbas der Buddha« charakterisiert – ein Mensch, der die irdischen Freuden eines Alexis Sorbas ebenso wie die heitere Stille eines Gautama Buddha genießen kann. Durch alle Aspekte seiner Werke zieht sich wie ein roter Faden eine Vision, die die zeitlose Weisheit des Ostens und das höchste Potenzial westlicher Wissenschaft und Technologie vereint.

Bekannt ist Osho auch für seinen revolutionären Beitrag zur Wissenschaft der inneren Transformation. Seine Sicht von Meditation bezieht das beschleunigte Tempo unseres modernen Lebens mit ein. Daher sind seine einzigartigen »Aktiven Meditationen« so gestaltet, dass zuerst der angesammelte Stress im Körper und im Geist freigesetzt wird, was es viel leichter macht, einen gedankenfreien und entspannten Zustand von Meditation zu erfahren.

Von Osho sind zwei autobiografische Werke erhältlich:
Autobiografie eines spirituellen Provokateurs, Econ, München 2001
Goldene Augenblicke, Osho Verlag, Köln 1995

Die Website des Autors – www.osho.com – bietet in mehreren Sprachen einen detaillierten Überblick über Oshos Werke und seine Meditationen.

Die Meditationsoase – Osho Commune International

Um Menschen die unmittelbare Erfahrung einer neuen Lebensweise zu vermitteln, die mehr Achtsamkeit, Entspannung und Freude zum Ziel hat, wurde ein *Meditation Resort* ins Leben gerufen. Es liegt in Pune, Indien, etwa 150 km südöstlich von Mumbai (Bombay). Pune, einst Zufluchtsort vor der Sommerhitze, ist heute eine aufstrebende moderne Großstadt, die mehrere Universitäten und diverse High-Tech-Industrien beherbergt.

Das *Resort* umfasst rund 15 Hektar Land im üppig grünen Wohnviertel Koregaon Park und bietet zeitgenössische und traditionelle Meditationsprogramme für tausende von Besuchern aus über hundert Ländern an. Unterkunftsmöglichkeiten gibt es in zahlreichen nahe gelegenen Hotels und Privatwohnungen sowie in einem neu erstellten luxuriösen Gästehaus im *Resort* selbst.

Alle Meditationsprogramme wurden speziell für Menschen von heute konzipiert. Die verwendeten Methoden sind eine Hilfe zur Selbsttransformation und tragen dazu bei, eine Qualität von Entspannung, Bewusstheit und Stille ins eigene Leben zu bringen.

Das Meditationsprogramm beginnt jeden Tag um sechs Uhr früh und endet um zehn Uhr abends. Es zieht sich durch das ganze Jahr, ebenso wie das umfangreiche Angebot an Einzelsitzungen, Gruppenworkshops und Kursen, die größtenteils in modernen, klimatisierten Räumlichkeiten stattfinden. Das »Club Med«-Programm – »Med« für Meditation –

bietet die Möglichkeit, auf einem liebevoll gestalteten Gelände auf »Zen«-Weise mit verschiedenen Sportarten zu experimentieren und Erholung zu finden.

Im *Resort* wird in Cafés und Restaurants im Freien traditionelle indische Küche sowie eine Vielfalt internationaler Gerichte mit biologisch angebautem Gemüse von der eigenen Farm serviert. Das *Resort* verfügt zudem über eine eigene Filteranlage für sicheres, sauberes Trinkwasser.

Zu Informationen über Anreise und Programme siehe www.osho.com

Osho International
570 Lexington Avenue
New York, NY 10022
E-mail: osho-int@osho.com
www.osho.com